贝佐斯
打造引领电商时代的亚马逊帝国

启 文 编著

山东画报出版社

图书在版编目（CIP）数据

贝佐斯：打造引领电商时代的亚马逊帝国 / 启文编
著 . -- 济南 : 山东画报出版社 , 2020.6
（揭秘世界财富）
ISBN 978-7-5474-3512-0

Ⅰ . ①贝… Ⅱ . ①启… Ⅲ . ①贝佐斯—电子商务—商
业企业管理—经验 Ⅳ . ① F737.124.6

中国版本图书馆 CIP 数据核字（2020）第 090875 号

贝佐斯：打造引领电商时代的亚马逊帝国
BEIZUOSI : DAZAO YINLING DIANSHANG SHIDAI DE YAMAXUN DIGUO
（揭秘世界财富）
（JIEMI SHIJIE CAIFU）
启　文 编著

责任编辑　郑丽慧
装帧设计　青蓝工作室

主管单位　山东出版传媒股份有限公司
出版发行　山东画报出版社
　　社　　址　济南市市中区英雄山路 189 号 B 座　邮编 250002
　　电　　话　总编室（0531）82098472
　　　　　　　市场部（0531）82098479　82098476（传真）
　　网　　址　http://www.hbcbs.com.cn
　　电子信箱　hbcb@sdpress.com.cn
印　　刷　北京一鑫印务有限责任公司
规　　格　870 毫米 ×1220 毫米　1/32
　　　　　　6 印张　152 千字
版　　次　2020 年 6 月第 1 版
印　　次　2020 年 6 月第 1 次印刷
书　　号　ISBN 978-7-5474-3512-0
定　　价　178.80 元（全 6 册）

前　言

　　提起亚马逊，大概很少有人没有听过这个名字，对于网购达人来说，甚至是如雷贯耳，但是对于它的创始人杰夫·贝佐斯，人们了解的却并没有那么多。其实，杰夫·贝佐斯——这个名字和亚马逊一样充满了传奇。

　　1964 年 1 月 12 日，在美国新墨西哥州最大的城市阿尔伯克基，杰奎琳·吉塞生下了贝佐斯。没多久，生父泰德·约根森离开了这对母子，消失得无影无踪。在贝佐斯 4 岁那年，古巴移民迈克·贝佐斯成了他的继父。

　　这段历史并没有给贝佐斯留下什么心理阴影，相反，他觉得自己在养父的养育下度过了非常愉快的童年。另外，外祖父的农场给他的少年时光也带去了无尽的欢乐和人生的启迪，养成了他独立思考的习惯和自力更生、内心善良的品性。

　　大学毕业后，贝佐斯走上了职业经理人的道路，他工作出色，脑子灵活，创意无限，深受老板赏识，但这并不是年轻的贝佐斯想要的。从他的学生时代开始，他就在琢磨如何更有效地发挥自己的特长和优势。

　　人与自身所处的时代往往有种相互成全的意味，在个人电脑和互联网开始影响家庭生活后，伴随而来的商机引起了贝佐斯的关注，很自然地，他选择了这条道路，虽然，在网上开一家零售书店的想法在当初并不被人看好。

1995 年 7 月 16 日，经过一次改名后，被称为"亚马逊"的线上购物网站，在西雅图的一间带车库的三居室内正式上线。它的原始启动资金是 1 万美元。

从最初被竞争对手视为无物，到如今被称为"传统的搅局者"或是"互联网巨人"，20 多年的时间里，在风起云涌、大浪淘沙的电子商务领域，亚马逊已然是无法绕过去的存在。这家电商霸王的企业性格，完全可以与贝佐斯画等号。

贝佐斯能够在意识到电子商务存在巨大潜能的同时立刻采取行动，他的决断力是惊人的。更令人钦佩的是，贝佐斯能够脚踏实地坚守被亚马逊称为"造就原动力的三原则"：

（1）以顾客为中心。

（2）坚持发明创新。

（3）以长远的眼光思考问题。

有人曾说过："坚持做人们认为理所应当的事，这件事本身就是很困难的。"但是贝佐斯是一位有着坚忍毅力的经营者。正如他所坚守的那样，为了坚持以顾客为中心，他会反复进行"一次又一次的发明"，直到提供更好的服务。

本书梳理贝佐斯的经历，整合他的人生智慧，为人们带去一种参照与激励。读者可以从字里行间获得积极向上的生活态度和勇气。

目　录

序 章
创见：用一万年的远见做事情

当你的内心真正相信一件事件时，大家虽然好心，但会在相当长一段时间里质疑你。受到批评时，你应该扪心自问，批评你的人说得对吗？如果是对的，你就要调整自己的行动；如果坚信他们错了，你就要长期忍受误解。

用一万年的远见做企业

很多年之后，如果你去美国得克萨斯州西部旅游，你会发现一个十分特殊的景点，吸引着人们不远万里去参观。

在群山之中的一个高耸陡峭的石灰岩峭壁上，安装着一个机械装置。它高约9米，上半部分是一个球形的金属框，框中6个金属环分别象征水星、金星、地球、火星、木星和土星的运转轨道；下半部分则由6个层层相叠的"圆盘"组成，圆盘中心和球体中心相连，最下方还有一个基座。整个装置由316根高强度不锈钢、钛和陶瓷球轴承组合而成，远远望去，它不像一个机器，更像一个雕塑。

这个奇特的机械，不是外星人留下的遗迹，也不是什么古人类的发明，而是杰夫·贝佐斯投资兴建的万年钟。

万年钟，顾名思义就是用来指示一万年时间的钟表。它的"秒针"每年走一格，表示世纪的指针每100年走一格，而一个报时工具每千年会报时一次。之所以能做到时间如此精准，是因为万年钟内部有一台满是齿轮的组合式机械计算机。

人类之所以会研制这样一台机器，在于人们对当下生活的反省和对遥远未来的期许。它最大的启发意义是让人们明白漫长的万年也不过是由无数"当下"所连接起来的链条。人类应该对于未来，以及人类当前的活动对后代的影响给予更多的关注。

"万年钟"的概念最早是由发明家丹尼·西里斯（Danny Hillis）于 1995 年提出的。

万年钟项目得到了"今日永存基金会"的支持，没有他们支持，西里斯根本不可能完成他的发明。迄今为止，万年钟已经研制出两代模型，第二代模型有 2.7 米高，样式基本上和在建的万年钟一样。这个万年钟解决了一个核心问题，就是可以通过正午的太阳"相位锁定"来自动纠正时间误差，能够在一万年内保持精确的时间不变。

当然模型研制成功之后，还有一个最大的问题困扰着西里斯，就是用什么材料来建造万年钟。目前还没有一种材料能够经得起数千年光阴的考验。

2011 年 6 月，亚马逊的 CEO 杰夫·贝佐斯个人掏了 4200 万美元投资给"今日永存基金会"（Long Now Foundation），帮助西里斯建造万年钟。

万年钟和现代罗塞塔石碑计划是"今日永存基金会"主要投资的两个项目，它们旨在传承人类文明，创造"更慢 / 更好"的思想体系以应对今日流行的"更快 / 更廉价"的心态。

贝佐斯这次出资是希望万年钟项目能够尽快得到实施。关于实验中一些不成熟的地方，可以在实际使用中加以改进。至于材料问题，在贝佐斯看来，先用目前世界上最结实的材料就足够了。等到未来材料发生了变化，或者出来新的材料，再重新制作新的万年钟也不迟。贝佐斯关心的是尽快让万年钟立起来，而不让其他人捷足先登。

贝佐斯资助万年钟，除了能吸引媒体关注从而为亚马逊作了某种程度上的宣传之外，与亚马逊的电子商务以及"云服务"项目毫无关联，基本上属于"不务正业"。那么贝佐斯为什么对这个项目这么感兴趣呢？

这其实是贝佐斯本人着眼长期目标和亚马逊重视长期战略的一个缩影。

据说，1997年5月15日，亚马逊上市，贝佐斯在给股东的信中开门见山地说"亚马逊是一个长期项目"，"我们将更多地为'强化长期市场领导地位'这一目标做持续的长期投资决策，而短期的盈利以及华尔街的反应不会影响我们的决策"。

而实际情况也像贝佐斯所说的那样。

亚马逊从1995年到2001年，整整六年时间都没有盈利。股东们一方面责怪贝佐斯太保守，没有进入更多盈利空间更大的行业；一方面又责怪贝佐斯太乱花钱，不管是大量的研发投入，还是不断建设并投入使用的现代化仓库，在他们看来都是没有必要的。但正是贝佐斯坚持长远眼光，一步一个脚印，一方面把客户体验放在第一位，保持用户增长；一方面长远布局，为强化市场领导地位而加大投资力度。

2000年是美国互联网泡沫急剧形成的时候，股东们开始担心自己的投资回报。亚马逊这时显示出之前追求长远目标的优势来，在美国互联网最寒冷的2001年首次实现了盈利（500万美元）。

经济危机往往会淘汰经营不善和泡沫成分大的公司，为生存下来的公司提供更好的发展空间。2001 年以后，亚马逊逐渐成长为在线零售巨头，这一切都得益于贝佐斯对长远目标的坚持。

当美国最大的图书零售企业巴诺书店把亚马逊当成最大竞争对手的时候，贝佐斯已经把音乐 CD 和视频 DVD 当成了下一阶段发展的重点；当德国的贝塔斯曼在美国投资在线书店准备与亚马逊一争高下的时候，贝佐斯已经在英国、德国、加拿大等国家开设了分公司，以实现他的全球化战略。

当苹果 iPod 和 itunes 音乐商店出现的时候，别人想尽办法模仿出各种各样的 MP3 播放器，贝佐斯则看到了音乐以全新形式进行消费的变革。受此启发，贝佐斯在 2003 年就开始部署电子书阅读器的研发。

2007 年 Kindle 上线大受消费者欢迎，它在彻底改变人们阅读方式的同时，带来了电子书产品销量的爆发式增长。

当传统出版社还在犹豫人们究竟更喜欢纸质书还是电子书的时候，亚马逊却用事实证明电子书才代表了未来的方向——2009 年 12 月，电子书销量首次超过纸质书，这一切将彻底改变出版行业的格局。

而看似意外发现的云服务，或许可以算是一个并非长远规划的产物。但是贝佐斯在网站成立之初，就选择最好的数据库软件，为了保证网站流量和网速畅通而花大价钱租用服务器等等，这些都为后来亚马逊能够为更多企业提供"云服务"奠定了基础。

"云服务"只是更好地利用了服务器剩余的计算能力。这个看似突然想出的点子，实际上代表的不是灵机一动的创新，而是日积月累之后的水到渠成。

看看今天的亚马逊，你就知道做长远规划的企业是什么样的了。

如今的亚马逊以网络零售为根基，做成了和沃尔玛一样的规模；同时通过 Kindle 系列产品占据了电子书阅读器和电子书销售一半以上的市场份额，并开始进入出版行业；Kindle Fire 和亚马逊智能手机将在硬件市场占据一席之地；而广告行业，亚马逊一经杀入定然可以把平静的市场搅动，改变行业的游戏规则。

以上这些只是快速变化中的亚马逊的一部分。这家公司早已成为一个真正的庞然大物，并且是生机勃勃、充满创新的大家伙。现在，贝佐斯可以进入任何他想进入的行业，并且迅速占据一席之地，然后依靠亚马逊的强大后盾来实现迅速发展。这就是做万年企业，而不是为了短期盈利的好处。

正是贝佐斯坚持长远目标，不急于追求短期利润，所以亚马逊能够基业长青；贝佐斯能够透过现状看到未来，提前规划企业发展，所以亚马逊能够保持创新和领先的市场地位。

【贝佐斯说】

我们愿意着眼长远，我认为这是最宝贵的品格之一。在企业世界里，真正关注长远打算的公司并不多。但我们做的很多最重要的事情都花了很长时间。

一个网站定义了电子商务

当互联网出现的时候，人们更多地把目光放在科技创新带来的技术变革上，但是杰夫·贝佐斯却从中看到了将传统零售业和互联网结合起来的商机。

在亚马逊之前，当时成功的互联网企业有著名的互联网服务提供商美国在线（AOL），靠浏览器起家的网景（Netscape），靠门户起家的雅虎（Yahoo）。当贝佐斯发现互联网使用人数每年以2300%的速度在增长的时候，决定通过互联网寻找创业的机会。

经过一番调研之后，贝佐斯认为，将互联网的优势和传统的零售行业结合起来，通过在线开店的方式来销售产品，将会有很大的市场机会。

首先，网络用户的数量每年都在飞速增长，不用担心客户源的问题；第二，网络在线销售，可以打破地域的限制；第三，网络在线销售没有实体店的租金成本，广告营销的方式也更加简单；第四，网络在线销售是一种全新的销售方式，而这种销售方式很可能会开创一个新的行业。

但是贝佐斯在准备先做哪一种商品方面犯了愁。1994年的美国，零售业已经十分发达。在对所有零售产品的销售情况经过分析之后，贝佐斯选择了图书作为首选销售的产品。

图书有着这样的特点：

首先，图书有统一国际标准书号，通过它可以查到每一本书的信息。

其次，有专门的图书公司将所有书目按书号全部统计起来录入数据库，任何人都可以通过付费的方式获得这些数据。

第三，图书是最容易通过文字描述来让人了解的产品，这对网上销售十分有利。

第四，图书大小规格基本统一，不容易损坏，而且重量也较轻，非常适合快递运输，而且不用担心高昂的运费。

第五，图书的市场非常大，每年有 190 亿美元的销售额，而且没有一家垄断企业，这对贝佐斯来说简直太重要了。

1994 年 7 月，贝佐斯和卡凡以及自己的太太麦肯齐一起在西雅图的一个公寓的车库里开创了在线书店 Cadabra，1995 年网站的名字改为亚马逊（Amazon）。

亚马逊通过一个网站的界面，展示所有可以销售的图书，然后通过设计好的与用户交互的系统，来实现销售行为。

比如你想买一本最新的畅销书，原来你要开车到最近的书店，但是现在你只要在家中打开网络，登录亚马逊的网站，在导航部分输入你想购买的书名，找到之后点击购买，然后通过信用卡付款，亚马逊就会安排快递送货上门。

是不是很简单？但是事实上在贝佐斯之前并没有人想到这些。

更重要的是，贝佐斯并不安于现状。当亚马逊网站上线之后，他不断要求技术团队改进服务，以方便消费者使用。

在贝佐斯的倡导之下，亚马逊团队想出了很多对消费者非常有用的改进。比如一键下单，比如允许消费者发表评论，比如根据消费者的购买习惯推荐他们喜欢的书籍等等。

当人们慢慢习惯亚马逊的模式，开始接受这种在线销售的方式的时候，贝佐斯把销售的产品从图书扩大到 CD 和 DVD、服装、鞋子以及所有适合网上销售的商品。人们开始觉得亚马逊就是电子商务，电子商务就应该是亚马逊这样。

实际上亚马逊电子商务模式只是电子商务诸多模式中的一种，叫作 B2C（Business to Consumer）——即公司对个人的电子商务，由网站采购商品，然后通过在线销售的方式销售给消费者的模式。

在亚马逊之后兴起的 eBay 则是另一种模式 C2C（Consumer to Consumer）——即个人对个人的电子商务的代表。

为了与 eBay 竞争，亚马逊曾经也做过拍卖，但是不成功。后来贝佐斯想到了通过开放的办法来解决问题。他建立了亚马逊市场，其他企业或者是个人都可以在亚马逊市场开店，除了发布费之外，亚马逊还对每笔成交的交易收取一定比例的手续费。

这些企业的商品和亚马逊的商品会出现在同一页面，不分先后，顾客在亚马逊的网站上浏览任何一个商品，亚马逊都会给出同类商品的价格显示，供顾客选择。

一开始别人对贝佐斯这种允许竞争对手在自己的网站上开店的想法十分奇怪，因为在他们看来生意没有这么做的。但是贝佐斯却坚持己见，因为他认为，如果不把其他商家或者个人的商品放到亚马逊的网站上，那么顾客也会通过别的办法找到这些商品，那样亚马逊就会流失顾客。但是现在所有的商品都是在亚马逊的网站上实现购买，这样不管背后的卖家是谁，顾客都是亚马逊的。而且亚马逊还可以通过这笔交易获得一定比例的手续费。何乐而不为呢？

后来的事实也证明了贝佐斯的想法是正确的，亚马逊市场的销售额一度占到了亚马逊网站总收入的 1/3；最让贝佐斯满意的是，亚马逊的顾客一直在增长，从来没有减少过。

亚马逊从一家在线卖书的网站，成为美国乃至世界最大的电子商务网站。但贝佐斯对电子商务的理解可不仅仅是销售与购买这么简单。

贝佐斯领导的亚马逊喜欢收购一些特别的网站，而那些网站就像一条条支流，把亚马逊的顾客源源不断地带到亚马逊的主流之中去。

亚马逊曾经收购了一家英国的电影评论网站 IMDb，在别人看来图书与电影风马牛不相及，但贝佐斯却如获至宝。因为 IMDb 的巨大人气，吸引了大量电影爱好者在亚马逊就影片展开讨论。收购之后，贝佐斯并没有干涉 IMDb 团队的经营，只是要求他们在每一部影片的讨论区加上一个可以购买该电影 DVD 产品的链接。在那之后，亚马逊的音像 DVD 业务开始上线，并且一开始就取得了好评。

根据同样的逻辑，亚马逊还收购了社交网站 PlanetAll、数码相机测评网站 Dpreview，这些都为亚马逊未来的产品销售奠定了很好的基础。

亚马逊通过短短二十年的发展，已经成为当之无愧的世界第一大电子商务网站。曾经的竞争对手不是被他收购，就是被他远远地甩开，至少在五年内亚马逊很难被超越。

今天，亚马逊当时创立的网站形式、交易方式，以及一些方便顾客的应用，都是新成立的电子商务网站不断模仿的对象。

【贝佐斯说】

我认为，明确究竟该努力干些什么非常简单，不简单的是，努力发现自己真正的兴趣所在，并实现它们。你可以选择考虑什么是最挣钱的事情，或是"我认为那些东西没什么作用"。追随潮流是件相当困难的事，更好的办法是置身于自己真正热爱的事业当中，等待潮流来追随你。

不墨守成规，才能出奇制胜

杰夫·贝佐斯似乎一生下来就有破坏欲，从他三岁时自己用螺丝刀修理自己的婴儿床开始，他对不满意的东西总是喜欢自己动手修理一番。

等到贝佐斯创办亚马逊，他要求技术人员不断改进顾客体验，直到做到完美为止。在亚马逊的发展过程中，网站曾经做过一系列的改变，仅仅是为了顾客使用网站的时候会更方便一点。

而在亚马逊所有基于顾客体验而产生的应用中，一键下单无疑是最伟大的发明之一。如果没有"一键下单"，顾客购买需要点击产品，确认，填写送货信息，填写信用卡信息，再确认，至少5步才能完成。

但是把"一键下单"这个步骤减少到只需要一步，看似很简单，实际上却是亚马逊的工程师费了很多心血才实现的。这个功能最核心的作用就是，如果顾客以前曾经输入过自己的信息，那么下一次在亚马逊购买任何商品时只要点击"一键下单"的按钮就可以了。这看似仅仅省了几次点击，却让顾客的购买行为变得十分方便。

亚马逊还为"一键下单"申请了专利，虽然有很多人反对这种"过程专利"，但是亚马逊的申请却获得了通过。之后亚马逊对试图侵犯这种权利的巴诺公司提起了诉讼，最终亚马逊获得了胜利；而另一方面，苹果却向亚马逊支付了专利费用，在 iTunes 商店中大方地使用这项专利技术。

后来，在"一键下单"的基础上，亚马逊的技术团队甚至开发出通过动作识别的"点一下头下单"系统，虽然看似在关注顾客体验方面走向了极端，但是在贝佐斯看来，这才是真正的为顾客服务，因为总有人会愿意选择这样更简单的功能。

亚马逊的创新因子似乎是它骨子里就与生俱来的，这和它的 CEO 贝佐斯喜欢发明创造有莫大的关系。

亚马逊真正具有革命意义的创造，是发明了电子书阅读设备 Kindle，就像乔布斯的苹果当年发明的 iPod 和 iPhone 一样。

有人质疑亚马逊，认为相比于 iPhone 等完全创新的产品，Kindle 只能算是二手创新的产物。因为无论是设备的设计理念，还是核心的电子墨水技术都已经早早被发明出来。在这一点上贝佐斯并不回避，但是他认为，Kindle 是亚马逊生产出的一个集历史上所有最先进的电子书技术于一身的，最好且最稳定的电子书阅读设备。

当然 Kindle 的意义并不在于阅读设备的技术革新，而是 Kindle 彻底改变了人们消费和阅读书籍的方式。Kindle 一上市，亚马逊就提供了 9 万本电子书供 Kindle 付费下载。后来这个数字不断扩大，达到 27.5 万本。除了亚马逊，没有任何公司可以为一款电子书阅读设备提供这么多的下载资源。

Kindle 一上市就获得了消费者的认可，2008 年，Kindle 的销量为 50 万台；到了 2011 年，达到了 2300 万台。Kindle 在整个电子书阅读设备市场占有 47% 以上的份额。对于这样的成绩，贝佐斯应该笑得合不拢嘴了吧？事实上并非如此，相对于 Kindle 的销量，贝佐斯更关心的是电子书的销售情况。

因为亚马逊的 Kindle 一直在以成本价甚至低于成本价的价格在销售，为的就是能抢占先机，占领更大的市场份额。贝佐斯之所以肯赔钱销售 Kindle，就是因为电子书销售掌握在他自己手里。

到了 2012 年初的时候，亚马逊每售出 100 本书就能卖出 105 本 Kindle 电子书，电子书的销量终于超过了纸质书，而且从那时开始，这一状况一直保持着。这下传统的出版社终于发现，他们必须改变原有的生产方式，应该加大电子书的出版量。Kindle 扇动了蝴蝶的翅膀，结果带来了出版行业的革命性变化。

直到这个时候，外行人才明白贝佐斯真正的目的，他从一开始打的就是卖书而不是卖设备的算盘。在贝佐斯看来，"人们根本不需要硬件，而是服务"。这正是贝佐斯的眼光独到之处，也是他一直坚持顾客体验为中心才能预见到的结果。

亚马逊对这个世界的改变，都是基于简单这一原则。"一键下单"让购买行为更简便，Kindle 和电子书则让图书消费和阅读的方式更简洁。亚马逊还有一项真正称得上庞大的项目，同样以简便为目的，以改变那些大商家、大企业的工作方式，让他们花更少的钱去完成更多的计算任务——这项服务叫作亚马逊云。

亚马逊云带来的不仅仅是一项服务，而是将颠覆整个 IT 行业的模式。

亚马逊创办之初只需要几台台式电脑就能完成业务需求，但是随着每天登陆亚马逊网站的人越来越多，亚马逊销售产品的种类也越来越多，亚马逊不得不增加他们的服务器。2000 年之后，亚马逊几乎每天都要增加一些必要的计算能力来维持全部业务的运营。到了 2010 年，亚马逊总部大楼放置服务器的空间已经达到 6.5 万平方米——足足有 16 个足球场那么大。

这些服务器原本都是为了保障亚马逊网站正常运营才配备的，但是实际上它们可不是随时都有用。这些为了在最大负荷时能够用得着的服务器计算能力，在平时都被闲置了起来。

贝佐斯和亚马逊的高管原本准备提供开源软件编码，让第三方网站设计网络链接，如果他们带来有效销售，亚马逊付给第三方网站中介费。就在这个旨在吸引别人到亚马逊来的"网络服务"项目运行一段时间后，贝佐斯发现，与其提供一部分计算能力让第三方企业使用，为什么不把这些闲置的计算能力出租出去呢？

贝佐斯想到就做到，亚马逊开始把闲置的服务器计算能力出租出去，其他企业和个人可以按小时购买流量。如果这些企业想做一些非常复杂的运算，或者在服务器上运行他们的系统，他们不需要每个人购买一套服务器来完成这些工作，只需要向亚马逊租用服务就行。而且亚马逊还提供定制化的服务，比如帮助其他公司设计内部沟通的计算网络，或者帮助他们搭建处理零售商计费和货物运输的网络系统等，而这些正是亚马逊最擅长的方面。

贝佐斯把这个项目叫作 E2C（弹性计算云），任何企业可以在任何时候在亚马逊租到他们需要的计算能力。

　　其实如果换到房屋租赁领域，这一切很容易被理解。比如你在海边有一套房产，但是一年中有很多时间你是不使用的，这时候如果把房子临时出租出去，会获得一定的收入，这是一个将房产价值利用最大化的简单例子。

　　但是要移植到互联网领域，租用闲置的计算能力，对普通人来说就有些匪夷所思了。从这个方面来说，贝佐斯的思想真的一直是开放的，愿意接受新的理念并且总能想到新的点子。

　　不过 E2C 的开展可不像出点子那么容易。亚马逊的技术团队必须通过技术手段来保证云计算的稳定性和安全性，而且需要合理调配使用时间，这样不同的企业就不会集中撞车，造成服务器的压力。

　　后来亚马逊除了提供 E2C 之外，还把"云服务"的范围扩展到亚马逊简易储存服务 S3，简单数据库服务 Simple DB，简单队列服务 SQS，内容推送服务 CloudFront 等多达 9 种专业的服务。

　　人们可以在亚马逊"云服务"平台之上完成任何事情，而不用花太多的钱用来支付服务器、网络带宽、CPU 方面的投入，只需要根据实际情况支付租金。

　　是的，贝佐斯从来不会墨守成规，他做出的每一个改变都是对原有秩序的彻底破坏，但也是对全新规则的建立。我们必须得承认，因为亚马逊的"一键下单""Kindle 电子阅读""云服务"，我们的生活变得更加方便，更加快捷。

【贝佐斯说】

对我来说，我十分喜欢创新，而且如今互联网的变化速度已经远远超越了 1995 年，我很难想象出一个比现在更好的创新舞台。所以，每天早晨醒来时我都倍感兴奋。

第一章
任何经历，都是一种积累

　　你在那样的农场学到的本领之一就是自力更生。所有的事情都是人们自己动手，如果有什么东西坏了，我就和外祖父一起把它修好。你必须固执和专注到别人难以理喻的地步，才能完成那些你从来没有做过的工作。

开心农场教会的那些事

1969 年夏天，在美国得克萨斯州科图拉的一个养牛场上，6 岁的贝佐斯正拿着一把弹弓在四处追赶野兔。

在贝佐斯身后不远处站着一个手中拿着饲料桶的老人，他正在给牧场的几百只肉牛喂饲料。这个老人不是别人，正是这个农场的主人——贝佐斯的外祖父劳伦斯·普雷斯顿·吉斯。劳伦斯退休之后，买下了这片农场养牛，工作闲暇之余最大的乐趣就是陪着贝佐斯玩耍。

贝佐斯追了半天一无所获，却突然发现了草堆里的兔子窝，他兴奋地跑回到老人的身边，一脸兴奋地说道："外祖父，外祖父，我找到了一个藏宝藏的地洞。你赶快给我一把铲子，我要看看里面究竟藏着什么。"

劳伦斯看到贝佐斯开心的样子，拿起铲子与他一起过去，等看到是个兔子洞的时候，他哈哈一笑，说道："你想在里面找到什么，我的小傻瓜？印第安人的财宝，还是多萝西（童话《绿野仙踪》里的主人公）的银鞋子？"

贝佐斯似乎没有看出外祖父是在取笑他，他认真想了一会儿说："我觉得里面可能会有得克萨斯州独立战争中留下的武器也说不定，毕竟那时候有很多人都自愿加入与墨西哥独裁者的战斗中去了。不是经常有报道说有人在自家的农场发现了文物吗？"

劳伦斯没有想到，6 岁的贝佐斯居然对历史感兴趣，而且还很关心新闻，于是对外孙刮目相看。劳伦斯问他："孩子，你长大了想成为一个什么样的人？"

贝佐斯几乎不假思索，大声回答道："考古学家！"

劳伦斯故意做出怅然若失的样子，说道："你之前不是和我说要成为一个火箭专家吗？怎么，这么快就改变主意了？"

要知道劳伦斯在退休之前可是美国国防高级研究计划局的导弹专家，他可不想自己的外孙每天和泥土打交道。

贝佐斯笑道："谁说的？我要是能成为宇航员坐火箭上太空的话，那么我会成为第一个上月球考古的人。"

外祖父听罢哈哈一笑，他不知道劳伦斯这些千奇百怪的想法究竟是从什么地方来的。他陪贝佐斯挖完了兔子的洞穴，然后用美食引诱他回家，否则真要一直挖下去，这么大的农场可不知道要挖到什么时候。

劳伦斯的这片农场足足有 2.5 万英亩那么大，农场里到处都是豆科灌木和橡树。除了养殖的肉牛之外，农场里还有白尾鹿、野生火鸡、野兔、野猪等各种动物。贝佐斯从 4 岁那年开始一到夏天就会到外祖父的农场里玩，今年 16 岁的他是第十三次来了。

贝佐斯显然爱上了这种田园牧歌式的美好生活，他已经在农场学会了清洁摊位，安装管道，甚至在外祖父阉割牛时做外祖父的助手。你可别把贝佐斯仅仅当作一个小孩子看，他可是一个真正的行家了。

对贝佐斯来说，今年夏天最快乐的一件事情，是和外祖父一起设计制作起重机。外祖父劳伦斯拖回了一个 D6 履带式推土机，为了替换发动机里面一个大约 500 磅重的零件，劳伦斯不得不设计并制作了一个小型的起重机去解决这个问题。

贝佐斯是这个浩大工程的见证人，而且他还帮忙递了扳手，拿了机油等等，正因为这样他才可以声称是他和外祖父一起做的。对于外祖父的发明天赋，贝佐斯一直佩服不已。在他看来，没有什么事情是外祖父做不到的。

很多年以后，贝佐斯回想起在农场的经历，他认为在那里的每一分每一秒都是快乐的，更重要的是它给贝佐斯的创业动力播下了种子。

"你在那样的农场学到的本领之一就是自力更生。"贝佐斯后来回忆说，"所有的事情都是人们自己动手，如果有什么东西坏了，我就和外祖父一起把它修好。你必须固执和专注到别人难以理喻的地步，才能完成那些你从来没有做过的工作。你要相信，在农场没有什么是你不可能做的。"

农场的生活培养了贝佐斯坚韧的性格、创新的勇气和不达目的誓不罢休的精神。这些在未来贝佐斯创业的时候起到了非常大的作用。

当然，农场生活教会贝佐斯的不仅仅是这些，它还使贝佐斯明白一个道理：小鸡长大需要几个月；小牛要养大产奶需要几年；就是那些看起来种植简单的农作物，也要一年才熟一次。所以做事千万不要着急，不要短视，只有把目标定得长远，才能获得成功。

6 岁的夏天过得很快，贝佐斯的妈妈杰奎琳来到农场接他，她要带贝佐斯回休斯敦，因为 9 月份的时候贝佐斯就要上小学了。

回到休斯敦的家中，贝佐斯和弟弟妹妹打过招呼，便一头扎进了他的小车库中。

他的车库里面有各种各样形形色色的发明。贝佐斯不上学的日子大部分时间都在小车库中度过。他在这里有充分的自由，可以自己组装一台收音机，可以修理机器人，可以在雨伞上包上锡纸做太阳能烹饪实验，或者把一个古老的吸尘器改装成气垫船等等。最令人叫绝的是，贝佐斯给自己的房间加装了电子报警设备，从而阻止他的弟弟妹妹不要随便进入他的房间。

对于贝佐斯所有的胡闹，母亲全部报以十分宽容的态度，只要贝佐斯做的不是坏事她都大力支持。别人可能觉得这是一种溺爱，但是杰奎琳对儿子投入的爱其实是有原因的。

贝佐斯的母亲杰奎琳·吉塞的身世比较坎坷。16 岁的时候，杰奎琳只身一人来到新墨西哥州的阿尔伯克基（Albuquerque）市发展，并在一家本地银行找到了工作。后来杰奎琳爱上了一个叫作泰德·约根森的年轻人，过了不到一年的时间，杰奎琳和泰德结婚，不久之后就生了一个孩子，并给孩子取名为杰夫·约根森。

杰夫·约根森自然就是我们这本书的主人公杰夫·贝佐斯，他的准确的出生日期是 1964 年 1 月 12 日。至于他为什么要改名字，那么还得继续把故事讲下去。

贝佐斯的生父泰德并不是一个负责任的男人，在贝佐斯 18

个月大的时候，他抛弃了杰奎琳和自己的儿子，并且从阿尔伯克基消失得无影无踪。

年轻的杰奎琳只能自己照顾儿子，幸好她遇到了一个好心人迈克·贝佐斯。迈克是一个古巴移民，和杰奎琳在一家银行工作，他看到杰奎琳一个人带着孩子，出于同情给予了他们母子无微不至的照顾。长久的相处让迈克爱上了杰奎琳，而杰奎琳也被迈克的关怀打动了。两人的爱情很快修成正果，步入了婚姻的殿堂。

迈克对孩子的爱，弥补了贝佐斯童年时需要父爱的缺憾，贝佐斯从来没有觉得自己曾是一个单亲孩子。

迈克和杰奎琳婚后还一起生了两个孩子——克里斯蒂娜和马克，他们自然成为贝佐斯的妹妹和弟弟。为此，贝佐斯的童年也因为有了兄弟姐妹而增加了许多欢乐。

直到贝佐斯 10 岁那年父母告诉他生父的真相之前，他从来没有意识到自己和弟弟妹妹有什么不同。即使知道了生父的事情，贝佐斯依然觉得，只有抚养他长大的迈克才是自己真正的父亲。

迈克·贝佐斯与泰德·约根森最大的区别就是他是一个负责任的父亲，为了给孩子创造更好的生活条件，迈克读完了大学并且加入了埃克森美孚石油公司，当上了一名出色的工程师。

后来因为迈克工作的原因，全家从阿尔伯克基搬到了休斯敦。对于迈克变换工作和搬家，全家人给予了充分的支持。而不论环境怎么改变，贝佐斯一家一直保持着那种既紧密又温馨的家庭关系。

【贝佐斯说】

那里简直是天堂，到处长满了豆科灌木和橡树，各种各样有趣的野生动物时不时蹿出来。就像史蒂夫是所有人的老师，外祖父是我儿童时期的老师。我在那里学到了很多技能，锻炼了坚忍的意志。要说我为什么有那么多稀奇古怪的想法，大概也和我的外祖父有关吧。

要做梦想家，要多去尝试

　　对于杰夫·贝佐斯来说，对他成长影响最大的，一个是家庭，一个就是学校了。

　　贝佐斯6岁的时候，开始进入休斯敦市的橡树河小学学习。在他10岁的时候，学校给四年级以上的学生举办了一次读书竞赛。谁在一年中读过的获纽伯瑞儿童文学奖的作品越多，谁就获胜。贝佐斯从小喜欢看书，对读书竞赛的冠军志在必得，结果他废寝忘食地读了30部作品之后，却仍然没有获得胜利。

　　一开始贝佐斯充满了沮丧，但是过了不久他就从失败之中醒悟过来，读书竞赛的目的是为了让每一个人多读书，而不是谁获得冠军。既然他成功地读了30本书，那么谁是冠军又有什么重要的呢？从那之后，他明白了一件事情，看问题不要被表面所迷惑，与其追求表面的目标，不如得到内在的实惠。

　　在贝佐斯上五年级的时候，休斯敦的一家公司给橡树河小学提供了一台电脑。那个时候的电脑操作复杂，光是连接解调器就有一大堆说明，即使有操作手册也很难使用，学校差点将电脑束之高阁。

　　这时贝佐斯成了第一个吃螃蟹的人，他和同学们一下课就跑到电脑那里研究如何编程。老师们对学生的求知欲自然大力支持，虽然给不了什么指导，但他们从不阻拦学生们利用课外时间使用电脑。

不过一个星期之后，大家都觉得兴趣索然，因为单纯用电脑编程实在太没有意思了。就在这时，贝佐斯发现了电脑系统里面有一款原始的星际战舰游戏。这下好了，大家很快就迷上了这款由热播电视剧《星际迷航》改编的游戏。从这件事情上不难看出，贝佐斯似乎总有一种能力能够另辟蹊径，从来不会循规蹈矩。

除了爱玩星际游戏、看科幻小说，贝佐斯还喜欢看所有关于托马斯·爱迪生和华特·迪士尼的文章。贝佐斯十分推崇他们，他把爱迪生称为"令人难以置信的发明家"，而迪士尼则是"真正的先驱发明家"。其实在他心里面，发明一直是他的一个坚持不懈的梦想。

爱读书固然没有错，但是天天关在家里读书，就不能不让贝佐斯的父母开始有些担心了。为了让他和同龄人加强沟通和了解，并且多做户外运动，父母给他报名参见了德州青年联盟队，参加美式橄榄球比赛。

贝佐斯表现还不错，在不到两周时间内，他成功记住了所有的比赛规则和自己球队 11 个队友的名字。因为他这项特殊本领，教练让他担任防守队长。对于一个十来岁的孩子来说，并不是总有机会能够锻炼领导能力，但是体育运动无疑是个不错的机会。

贝佐斯 13 岁的时候，全家搬到了佛罗里达州的彭萨科拉；18个月之后，他们再一次搬家，这次的目的地则是迈阿密。对于经常迁徙的家庭来说，外祖父在得克萨斯的农场更像是贝佐斯的第二个家。他每年都会去那里度过暑假，但是从 16 岁那年开始，他就不常回去了，因为他要开始打暑期工了。

贝佐斯的第一份工作是去麦当劳餐厅做厨师，不管是煎牛肉饼，还是从沸油中捞出薯条这么简单的工作，只要用心钻研，他都会发现可以改进的地方。贝佐斯就曾经对如何用自动设备减少炸薯条的油做过研究，他发现法式炸薯条比美式的好吃，一个主要原因就是他们掌握了如何控油的技术。后来他提出的改进方法得到了麦当劳管理层的认可。虽然只是一个短暂的暑期工，贝佐斯却并没有打算虚度时光。

贝佐斯上高中三年级时认识了厄休拉·维尔纳，两个年轻人很快坠入爱河。但是高三的暑假他们并没有每天谈情说爱，而是开始了他们自己的创业。

和其他创业者不同，贝佐斯没有把创业的重点放在如何挣钱上，而是真正想做一些有意义的事情。

贝佐斯从小就对各种科学知识充满了好奇，除了能够帮助他的外祖父之外，更多的时候他要靠自己来寻找答案。他认为那些和他一样对科学充满了好奇心的孩子们一定会需要一个"专家"给予他们适当的帮助，而他正是那个"专家"。

最终贝佐斯把这个想法变成了现实，他和维尔纳成立了一个"梦想协会"，主要是面对五年级的小学生讲解和探讨关于矿石能源和核裂变、星际旅行、太空殖民地前景、黑洞和电流等一系列奇怪的科学问题，而这些知识很难在学校里面获得。

为了让"梦想协会"能够招到自己的第一批会员，贝佐斯和维尔纳自己印制了广告传单并向家长发放，而且还在当地的报纸上打了广告。最后一共有 5 个孩子参加了"梦想协会"，每人收费 150 美元，他们的收入是 750 美元。至于成本支出，除了印刷费之外几乎没有什么成本，他们出售的是自己的脑力劳动，而这 750 美元成了贝佐斯和维尔纳通过自己创业挣到的第一桶金。

"梦想协会"第一次上课的效果很不错，为了扩大影响力，贝佐斯和维尔纳甚至请来了《迈阿密先驱报》的记者到家中旁听授课的过程。

早上 9 点钟，孩子们在贝佐斯舒适的、铺着地毯的卧室里围成一团。维尔纳先是领着孩子们阅读《格列佛游记》，接下来贝佐斯给他们讲解宇宙飞船的科学知识，最后大家一起读了报纸上的三篇文章，分别是关于低噪音污染、里根的外交政策还有核扩散的问题。

孩子们对这些问题畅所欲言，十分积极地表达自己的想法。下课后孩子们都很高兴，认为贝佐斯就像一个大哥哥一样引导他们学习科学知识，形成独立的想法，而不像在学校那样有压力。

"梦想协会"这个看似青涩的创业尝试，却让贝佐斯掌握了创业的几个核心要点：

第一，做自己最擅长的事。

第二，从别人想不到的地方入手寻找商机。

第三，广告宣传能起到十分重要的作用。

很多年后贝佐斯回想起这次创业的经历，他知道自己收获了一笔伟大的财富。

【贝佐斯说】

要做梦想家，要多去尝试，想得太多反而会影响你的判断。如果你没有放手逐梦，恐怕一辈子都会为了自己的犹豫而后悔。所以，不要放过任何一次机会，哪怕只是很小的事。

把自己的技能应用到更广泛的领域

18岁那年，贝佐斯成功进入了普林斯顿大学学习。对于一个在高中表现十分优秀的学生，对于大学的期待显然要高于其他普通学生。

但是在普林斯顿大学的物理系，贝佐斯却发现自己没有太多的优势。这所历史悠久的著名学府曾经出过5位诺贝尔物理学奖得主。每年有两万多人申请进入普林斯顿大学学习，但是它每年录取的人数只有两千人左右。申请进入物理系就读的人远多于其他专业，可以说能够进入普林斯顿大学物理系的人都是尖子中的尖子、天才中的天才。

贝佐斯在第一学期就发现，自己并不能在所有的事情上都做到最好，所以他决定放弃这一专业，进入别的系学习。根据高中时的爱好，贝佐斯选择了进入计算机科学系学习。

贝佐斯认为计算机是20世纪人类发明的最难以置信却又最实用的工具。

"你可以教它做任何事情，只要通过程序的设定，它就可以自己完成。"在这件事情上可以充分看出，贝佐斯是一个非常有主见的人，而且一旦认准立马去做，根本不会瞻前顾后。

正如爱因斯坦所说的"兴趣是最好的老师",贝佐斯在普林斯顿计算机系的学习可以说是如鱼得水。贝佐斯上了所有的计算机课程,不仅仅是学习如何使用和编程,还进一步学习了算法和计算机科学背后的数学知识。可以说在同一级的本科学生中,贝佐斯自认计算机能力第二,没有人敢认第一。

在这一学科中,贝佐斯不仅得到了足够多的 A+,平均分数达到了 4.2 分,还成了普林斯顿大学优等生协会的会员。这是一个只有不到百分之一的学生才能加入的会员组织。在这里大家可以在自己的学科领域或者交叉学科领域,找到那些同样高智商而又志同道合的朋友。

贝佐斯不仅仅喜欢电脑,而且是编程高手。他的偶像曾经是比尔·盖茨,但是他却不打算像比尔·盖茨那样选择休学创业,而是选择了认真完成自己的学业之后再开始自己的职业生涯。

贝佐斯的毕业论文非常具有开创性和实用性,他设计了一个计算机系统来计算 DNA(脱氧核糖核酸)序列——可以帮助遗传学家用来寻找遗传代码序列的变化。当然这套计算机系统还有更加广泛的应用空间,可以用在其他软件或程序中寻找变化规律,特别是在财务信息方面非常有效。

贝佐斯虽然是好学生但不是书呆子,他在大学的暑期丝毫不放过每一次社会实践的机会。大二的暑假,由于父亲工作的原因,贝佐斯在挪威的埃克森美孚公司找了一份暑期工的工作。他的主要任务是在一台 IBM434 主机上开发一个模型,来计算埃克森美孚的石油特许权使用费。这是贝佐斯第一次走进父亲工作的领域,他在完成工作之余也理解了父亲常年出差工作的辛苦。

大三的暑假，贝佐斯只身来到硅谷，在圣何塞的 IBM 的圣特雷萨研究中心找了一份工作。公司交给他的任务是改写一个 IBM 的计算机界面。考虑到暑期工的能力，公司给定的完成期限是 4 个星期。但是，IBM 的专家显然低估了贝佐斯的能力，贝佐斯觉得这个工作根本难不倒他。只用了 3 天时间，贝佐斯就出色地完成了任务。圣特雷萨研究中心的负责人觉得他们这次是捡到宝了，希望贝佐斯能在毕业后正式加入研究中心。但是贝佐斯那时还没有想好自己究竟要从事一份什么样的工作，所以婉拒了对方。

当然，与贝佐斯的计算机天分相反，他在社交活动以及吸引女孩子方面显然没有什么优势。贝佐斯高中时代还有一个可以一起创业的女友，但是大学四年他却没有交过女朋友。可能正是这个原因，让他把更多的精力放在了学习计算机科学以及商业管理等方面的知识上。

贝佐斯毕业那年，半导体巨头英特尔向他伸出了橄榄枝，AT&T（美国电话电报公司）的研发部门贝尔实验室同样邀请贝佐斯加入。但是贝佐斯都选择了拒绝，不是因为他看不上这些公司，而是贝佐斯并不打算一辈子只做一个工程师或者程序员，他打算自己创业，成为一个真正的企业家。

贝佐斯在普林斯顿大学的毕业纪念册上，在自己的照片旁边，写下了科幻小说作家雷·布莱德伯瑞的一句名言："宇宙对我们说不，但是我们以血肉之躯来回应，大声说'是的！'"

没有人知道贝佐斯的真正梦想，但是他显然自己知道想要什么。

【贝佐斯说】

我已经陷入计算机行业不能自拔，期待着在这个行业实现某些革命性的突破。但是如果你只涉猎你喜欢或是力所能及的领域，那么你的技能很快就会过时。你应该把自己的技能应用到更广泛的领域。

勇于接受挑战，每天都需进步

贝佐斯想要创业，但是刚刚毕业的他显然还不知道如何去创办一家公司。想要学习这一切的最好办法就是进入一家创业公司去学习。

贝佐斯拒绝了英特尔和 AT&T 这样的顶尖公司，他的大学同学 E. J. 齐尔尼斯基却给他带来了一个机会，那时齐尔尼斯基的母亲格拉西娅·齐尔尼斯基正在为她刚刚起步的网络通信公司 Fitel 寻找计算机人才。

齐尔尼斯基和 Fitel 的另一位创始人贝佐斯里·赫欧都是哥伦比亚大学的经济学教授。他们的公司想尝试在互联网流行之前，建立一种类似迷你互联网的东西。他们建立了一个叫作 Equinet 的系统，这个系统能将经纪公司、投资公司还有银行等不同公司的计算机通过一个网络联结起来，这样这些公司之间就可以进行股票交易了。

Fitel 的主要客户都是华尔街的投资商，而这正是贝佐斯最感兴趣的地方。他认为想要创业永远离不开华尔街，而加入 Fitel 是和这些金融家们建立联系的最好机会。

贝佐斯被齐尔尼斯基雇佣不是因为他的金融知识，而是因为他出色的编程能力。Fitel 雇用了 15 名年轻但是十分聪明的计算机高手，而贝佐斯无疑是其中的佼佼者。

贝佐斯负责编写通信协议，而这是不兼容的计算机网络之间能够相互理解并交换数据的关键。

贝佐斯认为通信协议最具挑战性，所以他主动挑选了这份工作。他亲自设计了系统，并且通过努力把它建成了。系统一经建成就非常完善，不仅满足了所有的要求，而且没有死机，没有不良反应，这也是贝佐斯最成功的地方。

当系统刚刚建成的时候，业内的很多客户都不相信这套系统可以成功。而所罗门兄弟投资公司成了首个尝试的人。他们率先接入系统，当数以千计的交易信息在不同银行的计算机之间传来传去的时候，所罗门公司的交易员都不敢相信这是真的，甚至以为这只是一个电脑上的小把戏，不过是个骗局。当一笔笔交易成功完成的时候，他们不由得感叹 Fitel 公司的系统实在是太神奇了。

通过这一次，齐尔尼斯基充分认识到了贝佐斯的价值，并且很快把他从经理级别提升到副总裁的位置上。从那时开始，贝佐斯负责整个 Fitel 公司的技术研发和商业发展，所有程序员都归贝佐斯管理。

1988 年 4 月，齐尔尼斯基辞职去做全职妈妈，贝佐斯虽然仍然受到赫欧的重用，但是他认为在现在的公司很难再有更多的创新机会。是的，Fitel 虽然与众不同，但是它的计算机联网系统还处于很初级的阶段。贝佐斯需要更多的机会，希望接受更大的挑战。

就在这个时候，美国信孚银行向贝佐斯伸来了橄榄枝，贝佐斯决定加入并担任副总裁助理的职位。对他来说，美国信孚银行是一家"交叉从事计算机和金融服务的公司"，在这里他能够充分展示自己的计算机特长。

贝佐斯在美国信孚银行的工作顺风顺水，10 个月之后，贝佐斯被任命为该公司最年轻的副总裁，当时他只有 26 岁。

贝佐斯负责管理工程部门，原本公司只希望他能够管理好这个部门就可以了，但是贝佐斯却大胆地提出了建立 BTWorld 通信系统的构想。

BTWorld 的核心是通过在上百家大公司的电脑中安装一个特定的软件，让这些电脑可以远程与美国信孚银行的主机进行交流，从而使客户可以远程追踪美国信孚银行代为投资和管理的退休基金以及利润分红计划。这个系统可以彻底取代原来定期寄给客户的书面报告，而改为提供电子版的结果，最关键的是增加了时效性和互动性。

在台式电脑还是非常原始的时候就提出这么大胆的构想，在大部分人看来这是根本不可能的。在整个系统搭建过程之中，反对的声音不绝于耳，但是贝佐斯知道如何说服大多数人。在贝佐斯看来，就算他们现在不相信，但是有一天当系统成功创建的时候他们一定会说"天哪，这真是一个好主意！"。

事实证明，贝佐斯不仅富有远见，而且具有十分出色的执行能力。BTWorld 系统在不到一年时间就全部建成了，信孚银行价值 2500 亿美元基金的所有交易信息都在这个系统上面通过电子的形式进行交互和反馈。而贝佐斯就是这个系统背后的设计者和管理者。

BTWorld 系统让贝佐斯的老板、信孚银行的副总裁哈维·赫希对他刮目相看。

贝佐斯的成功不仅得到了老板和客户的认可，更重要的是带来一个全新的发展机会。

贝佐斯在工作中认识了美林银行的分析师霍尔西·迈纳，两人聊起对未来互联网的构想之时，大有惺惺相惜、相见恨晚的感觉。

迈纳在给美林建立一个可以将信息、图像和动画集合在一起的内部系统的时候，发现这个系统可以成为一个独立的商业机会。美林银行决定出资让迈纳建立一个公司把这个想法付诸实施，而贝佐斯则是迈纳选择的第一个合伙人。正当两个人雄心勃勃准备大干一番的时候，美林银行的高管突然决定不出资了。

迈纳从美林负气出走，几年之后开创了 CNET 新闻服务，后来项目卖掉之后，他成了百万富翁。

贝佐斯丧失了第一次成为企业家的机会之后，开始对华尔街的金融家以及华尔街公司的文化感到失望。他把简历寄给猎头公司，希望可以找到一家真正的技术公司。

但是上苍似乎总在和贝佐斯开玩笑，猎头公司不久之后打来电话说：“我知道如果我提金融的话，你会杀了我。但是这家公司真的很不一般，它是整个华尔街最具技术潜力的公司——它的名字叫作 D.E.Shaw。”

D.E.Shaw 是由哥伦比亚大学计算机科学系传奇教授戴维·肖创立的一家新型计算机自动化交易系统公司。贝佐斯听罢一笑，心想自己转来转去真的离不开华尔街了，既然这样，那么不妨一试。贝佐斯决定前去面试，但是当他到了那儿才发现，这家公司是多么的难进。

D.E.Shaw 并不缺数学家和计算机学家，要招的人一定要是精英中的精英，肖从来只从投来的简历中选择 1% 的人招聘进入公司。贝佐斯无疑是最符合条件的人，他在 1990 年 12 月正式进入 D.E.Shaw 工作。

D.E.Shaw 是一家对冲基金公司，也是华尔街第一家实现全电脑自动化交易的公司，由电脑捕捉资本市场的细微变化，然后自动买进卖出。贝佐斯用自己的能力向肖证明了肖没有选错人，他在系统的搭建和软件的完善方面贡献甚多。因为贝佐斯的能力和突出的工作表现，在很短的时间内就被肖升为 D.E.Shaw 公司的高级副总裁。

【贝佐斯说】

一切才刚刚起步，我们不能沾沾自喜，要时刻自省自己所做的一切。有人羡慕我，年轻时就那么引人注目，取得了非凡的成就。但对我来说，这不见得是件好事，它只能说明我曾经干过这个，但不能说明我干得有多好。我们每天都需要有所进步，而不是沉浸于过去的成就。

第二章
善用自己的天赋，做出对的选择

　　我要斗胆做个预测。当你们活到八十岁，在某个安静的沉思时刻，回到内心深处，想起自己的人生故事时，最有意义的部分，将会是你所做过的那些选择。

　　人生到头来，我们的选择，决定了我们是什么样的人。替你们自己写一篇精彩的人生故事吧。

别人的盲点，就是你的机会

1994 年是杰夫·贝佐斯在 D.E.Shaw 公司工作的第四个年头，这一年，他的工作内容发生了很大的变化，肖让贝佐斯带领一个 24 人的团队探寻新的市场机会。

对于一个华尔街公司来说，新的市场机会可能意味着发现新的投资机会或者开展新的业务，但是贝佐斯却把目光放到了与金融看似毫无关系的互联网领域。

当时的互联网并不像现在这样家喻户晓。互联网的开拓者是蒂姆·伯纳斯·李，他在 1990 年开发了第一个网络浏览器，称作万维网。

直到 1993 年网络浏览器才算迎来了一次伟大的变革，伊利诺伊大学的一个科研小组开发了"马赛克浏览器"，从此人们可以在互联网上浏览图片。

真正具有划时代意义的，是马赛克小组的一个研发人员马克·安德森创办了第一个网络浏览器公司——网景。网景公司的出现是互联网走向商业应用的开端，从那以后有无数互联网公司如雨后春笋般发展起来。

贝佐斯在 1994 年开始调研的时候，发现互联网在以每年

2300% 的速度飞速增长，没有什么行业比互联网的增速更快。

　　贝佐斯认为，互联网正是戴维·肖想让自己寻找的领域。可是如何用互联网赚钱，贝佐斯也是毫无头绪。

　　当时既没有雅虎（Yahoo）这样的门户网站，也没有易贝（eBay）这样的电子商务公司，AOL 的即时聊天工具以及微软的 MSN 出现得则更晚，更不要说 Facebook 这样的后起之秀了。既然什么都没有，那么注定贝佐斯做的将是一件具有开创性意义的事情。

　　贝佐斯认为，要选定一个领域进行电子商务的尝试，一定要满足几个基本条件。

　　首先这个产品要让人们所熟知。一个在实体经济中人们尚不熟悉的商品，如果放在网络上销售一定会更加困难。客户不能直观地了解你的产品，成交的难度定然会增大。而众多的商品中最为人所熟知，客户又最不担心会买到假货的产品是什么呢？

　　贝佐斯问了许多人，结果得到的答案是——书。是的，只有书可以在网上通过发一个目录和图片就可以向消费者展示，而且消费者根本不用担心受骗。如果换成其他产品可能就没有这么容易了。

　　选择一个领域进入还有一个更加重要的指标，就是市场有没有足够的空间。如果你费了很大力气做了大量的工作，才发现产品的市场小得可怜，那么即使再努力也不可能取得好的成绩。

　　图书市场究竟有多大呢？不如让数字来告诉你答案：1994 年美国售出的书籍价值 190 亿美元。

　　贝佐斯认为，只要在网络上售书的项目一经推出，至少可以分得这个大蛋糕中至少 10% 的份额，那就是 19 亿美元。而同期微软的软件销售额也不过是 20 亿美元。贝佐斯似乎一开始就把自己要超越的目标选得非常之高。

当然还有更详细的调查数据：1994 年，美国共售出 5.13 亿册图书，其中 17 本最畅销的图书销量都超过了 100 万。美国消费者在书籍上的开销是人均 79 美元。

贝佐斯更加肯定了在网上开书店的想法绝对是大有前途的。

决定是否进入一个行业的第三个关键指标，就是行业现有竞争的激烈程度。

全美最大的两家书店巴诺和博德斯占了市场 25% 的份额，剩下的零售商一共占了 21%，其余的书全部是通过书店之外的其他渠道销售出去的，比如超市、商场等等。这就充分说明，图书在网络上销售一样会有不小的机会，而这种机会至少目前还没有人发现。

除此之外，贝佐斯还发现了很多选择在网上做图书销售的便利条件：

美国最大的两家图书批发商的仓库里面有 40 万种图书，贝佐斯可以不用担心去哪里买到图书。

所有的图书都被美国书商协会给予了一个国际标准书号（ISBN），这就让网上检索成为可能。

图书有很大的折扣空间，这可以吸引很多消费者从网上购买。另外，图书因为其规格统一不怕损坏，便于快递运输，而且运输成本相对低廉。

如果以上的理由还不足以让你觉得网上销售书籍大有机会，

那么只能说明你太保守而且谨小慎微了，贝佐斯显然不是这样的人。

当贝佐斯把自己的调研结果形成一个厚厚的报告去找戴维·肖商议的时候，肖的态度让贝佐斯大失所望。

肖并没有错，对于一个金融公司的老板来说，把业务转到图书销售行业简直太不可思议了。这不是有没有机会的问题，而是适合不适合的问题。肖肯定了贝佐斯这几个月的辛苦，并且让他好好休息一段时间，享受一下生活。还说等他回来的时候，在互联网上一定会有很多适合金融公司业务拓展的机会在等着他的。

贝佐斯一直以为他足够了解肖，觉得肖是一个具有开创性的领导，但是在互联网这件事情上肖实在是太保守了。贝佐斯想尽一切办法想要说服肖，但是到了最后他放弃了，他感觉他被当头泼了一瓢冷水。

谈话不欢而散，贝佐斯回家之后又想了好久，终于做出一个大胆决定，那就是辞职，自己去创业。既然发现了这么好的机会，为什么要错过呢？既然肖不愿意冒险，那么他就自己做。

贝佐斯把自己的想法告诉肖的时候，肖吓了一跳。一开始肖以为贝佐斯是在表达对自己的不满，但是当肖发现贝佐斯是认真的时候，肖不得不苦口婆心地劝贝佐斯放弃。

贝佐斯是肖手下最出色的高管之一，肖可不想在这个时候失去左膀右臂，更何况贝佐斯的计划在他看来充满了风险。放弃高管的职位、丰厚的年薪，以及令人羡慕的职业生涯，去进入一个充满风险的行业，这简直是智者所不取的。

贝佐斯这次似乎铁了心，一定要进入他发现的这个全新的行业去尝试。贝佐斯并不是冲动，一个 31 岁的人可不会因为一时冲动而要选择创业，他发现了真正值得去奉献一生的事业。

贝佐斯在回忆那次决定时曾说："我知道等到我 80 岁的时候，一定不会因为放弃了一个华尔街高级经理的职位而后悔。但是如果我没有进入互联网，没有将自己在网上销售图书的梦想付诸现实，那么我一定会非常后悔。就算是失败了，也没有什么，至少我曾经尝试过。"

对贝佐斯来说，做一家最大的在线图书销售公司的宏伟蓝图正向他招手。那时他还不知道他的这个决定将改变互联网，改变世界。

【贝佐斯说】

在探索时总会有意外发生，我是说失败总是难以避免。但这并没有什么可抱怨的，我们比别人多了一份经验。有时候一条路走到黑没有什么不好，它会让你更清楚地看清自己，这比别人的引导有用得多。如果你第一天就相信，你所写的商业计划 70% 会失败，那么你将会减轻不少自我怀疑。

伟大从微小开始

贝佐斯已经想好了办一家什么样的公司，可是该如何建立一家公司呢？在这方面，贝佐斯并不比别人具有更多的优势。

任何一个公司的组建，都首先要有人，人才才是一家公司创业之初最宝贵的财富。

贝佐斯想要找到技术人才，原来的公司无疑是最佳的选择。但是肖禁止贝佐斯从公司挖人，这是他同意贝佐斯离职的条件之一。

不过贝佐斯显然知道如何去变通，既然从公司挖人不可以，那么让他们介绍自己的朋友过来总不为过吧。贝佐斯的一个同事彼得·拉文索尔给他介绍了一个斯坦福研究生院的同学赫博，而赫博则和他的一个好朋友谢尔·卡凡共同创办了一家基于互联网服务的公司。

赫博和卡凡有很多想法，但是他们的公司却办得很一般，根本问题在于他们两个都是技术出身，缺少一个有着充分商业头脑的合作伙伴。

贝佐斯和他们的会面似乎是命中注定的，他有着完美的商业计划却缺少能够通过技术把它实现的人，赫博和卡凡则希望有一个懂得商业和金融的人为他们指点方向。

通过拉文索尔的联络，贝佐斯坐飞机赶往圣克鲁兹，三人终于在一个咖啡厅会面。见面之后，贝佐斯开门见山，说出自己创建在线书店的想法。

相对于复杂的技术来说，开在线书店的想法实在太过简单，但是赫博和卡凡却不得不承认，这是一个非常好的想法，从商业的角度来看，这个想法最容易实现而且具有持久性。人人都在说互联网，但是市面上众多的号称提供互联网服务的公司却找不到盈利模式。而贝佐斯的在线书店无疑是最容易实现盈利的。

卡凡曾经先后在 Lucid 公司、Frox 公司和 Kaleida 实验室工作，从事的工作从人工智能软件的编程，到"革命性"的家庭娱乐系统的研发，一直到数字化多媒体播放器的开发，卡凡在各个公司都做到了高级软件程序员或是软件工程师的职位，但是他供职的每一家公司都没有真正成为行业的领先者。

这次贝佐斯的想法让卡凡心驰神往。他认为很多高科技公司都试图将特别先进的科技商业化，但是只有少数人能获得成功。在线书店的目标看起来没有那么高远，但是它成功的可能性更大。卡凡喜欢一个能够很容易地描绘出如何盈利的创业想法，他认为在线书店项目将来会以小企业的形式获得成功。那时根本没有人能想象得到亚马逊会变成今天这么大的规模。

三个人聊完之后，贝佐斯力邀卡凡和赫博加入他的新公司，两人都爽快地答应了贝佐斯的邀请。但是想要建立一家公司并没有那么容易，至少贝佐斯现在还有两件事情要做，第一是选址，第二是给公司取个响亮的名字。

要想在美国众多的城市中选择一个开设一家网络公司，既容易也不容易。容易是因为有很多现成的地点可以选择，比如硅谷，那里集合了美国 50% 以上的高科技创业公司。

但是硅谷却未必适合贝佐斯的公司，这也是对他来说不容易的地方。他想选的地方，第一要有大量的企业家和软件程序员人群。第二，他希望选择一个人口较少的州，那样的话那个州的常住人口会为他销售出的东西缴纳营业税。第三，附近需要有一个大型书商的仓库，这样方便购买和配送图书。而且因为物流的需求，这个城市必须是一个大都市枢纽，每天有很多航班起落，这样快递才能在最短的时间内发往全国。

经过一番仔细的筛选之后，贝佐斯发现只有西雅图最为适合。西雅图是微软的诞生地，那里最不缺的就是软件工程师人群。因为微软的原因，任天堂、Adobe 公司等众多高科技公司在西雅图入驻，现在的西雅图变成了一个科技中心，它更像年轻版的硅谷。至于其他几个条件，西雅图也非常符合，英格拉姆图书集团在美国最大的配送中心离西雅图只有 6 小时的车程。

而且还有一个促使贝佐斯选择西雅图的原因，就是贝佐斯的一个朋友尼古拉斯 . J. 哈诺尔的家族生意在西雅图，他答应如果贝佐斯到西雅图开办公司，他就为其投资。

虽说从各方面来看，西雅图是最佳的选择，但是贝佐斯还是有些犹豫。其中一个原因就是他的两个新的合伙人赫博和卡凡并不喜欢西雅图。

有些事情如果很难做决定的话，那么不如把决策权交给上苍。贝佐斯知道自己不能耽搁时间了，他和妻子麦肯齐收拾好全部家当，准备至少先离开曼哈顿。搬家公司打包完贝佐斯的行李之后问他要往哪儿去，贝佐斯告诉他们只管往西开，当时他还没有完全想好是不是真的要去西雅图。在路上的时候，贝佐斯给远在西雅图的哈诺尔打了一个电话，哈诺尔答应帮贝佐斯联络住的地方，而他们的家具可以先临时放在哈诺尔的家中。贝佐斯决定不再犹豫，他和麦肯齐一周之后赶到了西雅图，并在那里安顿了下来。

赫博不打算放弃加利福尼亚的圣克鲁兹，而卡凡决定与贝佐斯一起到西雅图去开创全新的事业。

贝佐斯和麦肯齐在哈诺尔家住了 5 天之后，租到了一个三居室，而且还带一个车库。虽然车库不适合作为办公的场所，但是至少贝佐斯将来可以宣布，他的公司和微软、惠普一样是从车库中开始的。

1994 年 7 月，贝佐斯甚至还没有把自己的房子整理好，他的公司就正式成立了。贝佐斯给公司起的名字叫 Cadabra，这个词出自魔术师反复吟诵的一句咒语 "abracadabra"，显然贝佐斯是希望自己的公司能够具有某种魔力。

但是公司的名字并不朗朗上口，而且念起来谐音有些像 "Cadaver（尸体）"，律师在帮贝佐斯注册公司的时候就差点闹出笑话。

贝佐斯虽然对自己起的名字十分喜欢，但是好在他并不固执己见。7 个月之后，他把公司改名为 Amazon（亚马逊），这个单词是 "A" 开头，将来在任何按字母顺序检索的列表之中，Amazon 都将比别的公司排名靠前。更重要的是，亚马逊是世界上最长的河流，对于一家有着远大理想的公司来说，这无疑是一个好彩头。而且还有一点，Amazon 这个单词容易拼写，任何人都不会拼错。而在互联网上只有拼写对了名字才能找到想要的网址。

互联网行业最伟大的公司亚马逊就这样在西雅图的一间带车库的三居室中成立了，那时公司只有三个人：创始人贝佐斯、软件工程师卡凡和会计麦肯齐。

【贝佐斯说】

公司刚成立时没有人知道公司会持续多长时间，我听到的质疑声比祝贺声要多得多，但我没有去理会。我知道我们的团队在做对的事情，他们显然没有发现这个行业存在许多的机会。世界上几乎没有一家公司持久的领先是依托于一个偶然因素，如果说亚马逊取得了不错的成绩，那是因为从一开始它就种下了果实。

"地球上最大的书店"

公司成立之后，贝佐斯知道自己必须多招些员工，因为靠他和卡凡以及麦肯齐三个人很难完成搭建网站的全部工作。

贝佐斯联系了华盛顿大学计算机科学与工程学院，希望可以通过学院的帮助招到一些优秀的人才。院长伯沙德·布瑞恩虽然对贝佐斯的线上书店项目持怀疑态度，但是他还是给那些和学院保持联系的校友们群发了一封邮件。

在收到布瑞恩邮件的众多校友之中，保罗·戴维斯对贝佐斯的项目最感兴趣。1993 年，戴维斯曾经短暂加入华盛顿大学计算机科学与工程学院，负责由学院搭建的太平洋西北地区第一个开放网络的管理工作。

1994 年夏天，他跳槽到了一家叫作 USPAN 的互联网公司做程序员，开发超级链接项目。但是马赛克浏览器出来之后，超级链接项目单独存在的意义就不大了。戴维斯希望可以把超级链接整合到马赛克浏览器之中，但是由于系统不兼容，最终没能够达成合作。

戴维斯此时正在寻找机会加入新的创业公司，从而发挥自己的才能。贝佐斯的项目虽然才刚刚起步，但是戴维斯还是被创立一个虚拟网上书店的想法打动了。

戴维斯和贝佐斯取得了联系，这时正缺人才的贝佐斯对于戴维斯这样的人才自然十分欢迎。贝佐斯带着卡凡一起与戴维斯见面，三个人在一起聊得非常投机，可谓一拍即合。当听说卡凡放下一切和贝佐斯来西雅图创业之时，戴维斯心想自己难道还能比卡凡失去更多吗？而且还有一点，贝佐斯确实是一个有着丰富商业经验的创业者，最终戴维斯决定加入贝佐斯的公司。

既然人员都到位了，那么公司也必须马上运作起来。他们首先要做的事情，就是把网站建立起来。

贝佐斯购买了三台 Sun 微系统公司的工作站，这些计算机个头小巧，却功能强大。然后就是软件。很多互联网公司选择自己开发所有的软件，但是贝佐斯已经在三家公司做过负责技术的副总裁，他知道相对于自己开发软件，购买成熟的通用软件更加经济有效。

首先他选择了甲骨文（Oracle）公司的数据库管理系统，这个系统价格昂贵但是性能稳定，主要是大公司用来储存和管理自己的数据。虽然现在的亚马逊刚刚起步，还用不着这么专业的数据库系统，但是贝佐斯还是坚持使用最好的软件。因为他可不想有一天公司发展到足够大的时候还需要更换数据库系统，那时候的成本可要比现在高多了。

但是 Oracle 只是一个通用系统，而真正要建立亚马逊网站，则还需要自己研发。贝佐斯庆幸他雇用了卡凡和戴维斯，不等贝佐斯自己动手，卡凡和戴维斯就自己分工，一个负责网站编程，一个负责后台系统的搭建。

为了压缩成本，他们的开发在很大程度上依赖于开源软件，像 UNIX 操作系统，以及 C 语言和 Perl 语言等编程语言，而这些都可以在 Sun 工作站上运行。卡凡和戴维斯之前并没有在零售、后台办公领域编写软件的经验，在编写的过程中也走了不少弯路，但是他们却用自己的经验和不懈的努力弥补了这些不足。

除了 Oracle 数据库管理系统之外，亚马逊还需要建立自己的数据库，用来储存产品和客户的信息。贝佐斯选择了在开源程序 DBM（数据库管理器）基础之上创建自己的数据库，而 DBM 建立的数据库正好可以在 UNIX 操作系统上运行。

这个数据库究竟要储存哪些信息呢？在贝佐斯看来，他们需要把 100 多万条书名信息放在数据库中，如果全部调用至少需要 2G 的内存。为了快速查找，贝佐斯把 1000 种最热门的图书信息放入容量 25M 的计算机内存系统中，然后通过 DBM 程序快速调用。

这些书名信息从哪里来呢？贝佐斯之前早就作过调研，市场上有现成的数据库信息。R. R. 鲍克曾经出版了一个叫作"在印图书"的数据库光盘，里面储存了 150 万个书名，而且所有图书全部按照国际标准书号排列，方便检索。

不过亚马逊公司的电脑可不像大公司的专业设备那样具有快速存储的能力，它一次只能存储转换 600 个书名。为了将这个清单全部倒入亚马逊的计算机里面，亚马逊的程序员们不得不通过 2500 次以上的复制粘贴来完成这项工作。而 R. R. 鲍克每周都会更新他光盘的内容，亚马逊的程序员不得不每周都花一天时间来完成这项转换工作。

书名有了之后，贝佐斯开始对外宣称亚马逊是"地球上最大的书店"，虽然它连一间实体店铺也没有。

贝佐斯那时根本没有认真考虑过库存的问题，在他看来只有收到客户的订单之后，他才会向出版商或者经销商下订单，虽然时间上会慢一点，但是把库存降到最低才能够真正实现低成本运营。

实际上亚马逊放入数据库中的书目，任何实体书店都可以接触得到，只是他们从来没有想过可以用网上虚拟书店的形式进行销售。

虽然书目之中有 150 万册图书，但并不是说所有的书都能买到。即使最大的经销商，他们仓库中的存书也不过 30 万种。为此，贝佐斯和他的团队还需要对不同经销商的图书数据库进行整理。

最好的办法就是在顾客下单买书的过程中逐步发现哪个经销商的数据库更加准确，哪本图书有货，哪本图书暂时没有货，或者哪本图书已经绝版了等等。

亚马逊的程序员还需要开发一个高度客户化的库存跟踪系统，因为公司还需要对从出版商或者销售商那里运到亚马逊仓库再运到客户手里的图书进行跟踪。

如果亚马逊的仓库里面已经有了某本书，那这本书就列为一天内送达；如果经销商有货，亚马逊就承诺两三天内送达；如果要从出版商那里订货，运到客户手里可能需要一到两个星期；如果这几处都没有货了，则要协商"4 周至 6 周到货或者永远无货"。

有了数据库和库存跟踪系统，至少亚马逊的核心部分已经搭建起来了，现在他们需要的就是上线运营，只有真正形成交易之后才能发现更多的问题。

套用中国的一句俗话，这个阶段的亚马逊完全是在"摸着石头过河"。

【贝佐斯说】

如果第一次从事一项工作，需要一百〇一分的热情和毅力去做，即使在他人看来做得可能有点过。更需要明确的是，问题发生时不是寄希望于别人，而是依靠自己坚强的毅力和热心的态度找到解决的方法。

先让顾客满意，然后挣钱

1995 年的春天，贝佐斯准备让亚马逊网站正式上线。

不过在上线之前，贝佐斯还需要解决一个主要问题，就是客户如何下单并付款给亚马逊。

一开始，他们认为邮件是最容易被人接受的方式，而且电子邮箱的用户超过了互联网用户数量的 10 倍，为此他们开发了专门的电子邮件订购系统。

他们的想法是，客户用邮件下单，亚马逊回一封邮件告知图书多久可以送出，然后客户用邮件告知信用卡号码。为了保险，亚马逊也同时开发了网页直接下单的功能，但在他们看来这只是一个备选方案。

对于如何保证客户信用卡账号的安全，亚马逊的团队也提出了他们的想法。因为黑客入侵不能避免，所以信用卡账户信息无论储存在哪里都是不安全的。戴维斯开发了一个被称为"CC 汽车旅馆"的系统，信用卡账号可以输入系统，但是黑客无法把它们从系统里导出来。

其实方法很简单，就是把客户的信用卡信息存储在软盘之中，进行交易的时候才插入软盘。而"CC 汽车旅馆"的计算机只和信用卡公司及经销商相连，只在向客户收款和向经销商订书的时候使用，这最大限度地避免了被黑客攻击的可能。

这个想法看似完美无缺，但是真正在使用中是否也是这样却无人知晓。

然后亚马逊开始了内部测试，参加内测的人除了自己的员工，就是亚马逊员工的几百个好朋友，他们保证不向外透露这个项目的任何信息。测试的过程中发现了新的问题，那就是他们无法追踪一个客户的购买行为。

如果客户刚刚买了一本书后又去浏览其他产品，亚马逊的计算机就识别不出这两个行为是否是同一个人做出的。为此他们决定尽快修改后台，解决办法是把每一个用户登录网站后的所有行为储存在一个文档之中，这样这个用户返回之时，就能把他之前的数据调出来。

现在一切都准备好了，可以说是万事俱备，只欠东风。

1995 年 7 月 16 日，亚马逊网站正式上线运营。网站一推出，就开始有订单进来。在最初的几天，每天都会有五六个订单。

正像贝佐斯之前所想的那样，准备得再好也只有在正式运行的过程中才能发现问题。

首先，大部分的客户都选择使用网页直接下单，一开始设计的邮件下单系统现在证明是完全过时的。客户希望通过更简单快捷的方式进行网络购物，而来回发邮件显然太过笨拙。

"CC 汽车旅馆"在一开始的时候对顾客的账户安全保护起到了非常重要的作用，但是订单一多起来就有麻烦了。因为每一次交易都要把磁盘上的数据备份到另外一台电脑上，但是操作员难免会有遗漏的时候。更糟糕的是，如果忘记备份的时候恰巧丢失或者重写了含有两百多个信息的文档，这下麻烦就来了，戴维斯不得不打印出一个信用卡号码单，然后给信用卡公司打电话，一个号码一个号码地核对。

"CC 汽车旅馆"简直成了戴维斯的噩梦，他总在担心系统会不会出问题。最后他不得不用更加科学而有效的办法彻底解决这一问题——重新编写一套安全性更高的软件。

不过好在亚马逊一开始遇到的不都是麻烦，他们的网站有很多人性化的设计，这些都得到了顾客的好感和认可。

比如说，如果仅仅是为了找书或者把书放在购物篮里，顾客根本无须注册。只有在他们想要购买的时候，才需要注册客户信息。这是非常棒的一个想法，毕竟对于最早的电子商务网站来说，客户体验才是最重要的，就和人们逛商场一样，人们首先是逛，然后看到喜欢的东西才会想到购买。如果一开始就让客户注册信息的话，顾客反倒不容易接受。

还有就是客户在填写支付信息的时候，可以先留下信用卡的后四位号码。只有在他们决定付钱的时候，才打电话给亚马逊告知完整的号码。而且亚马逊让每一个客户都清楚，不到最后一步，他们是不会被收钱的。而且交易的每一步都是可以逆转的，比如在购物篮旁边有一条信息可以选择："你随后可以把它拿出来。"

另外就是亚马逊在图书检索功能方面做了比较多的尝试。比如通过亚马逊的数据库查询系统，可以轻松地找到所有图书和作者的信息。这不仅仅是因为数据库本身资料丰富，更重要的是，亚马逊的图书分类更加合理，更加便于查询。

同时，卡凡在图书检索方面提出了全新的想法，可以让读者在亚马逊的网站上做一些线下所不能做的事情——比如你喜欢一本书，那么点击作者可以找到他所有的作品；如果点击一个主题，可以找到这个主题之下的全部其他书名。这个功能的技术核心是卡凡之前曾经大力研发的超文本技术，而这次他把它成功移植到了亚马逊网站之中。

在亚马逊的所有为客户考虑的设计之中，最一开始让人难以理解的是，它果断地舍弃了存放大量图片的网页，而尽可能地多采取文字说明的形式来介绍每一本图书。

当时图片网络浏览器大行其道，每一个网站都恨不得在自己的页面上放满图片以使自己看起来更加专业。但是他们却忽视了一个问题，就是采用调制解调器的网络速度非常慢，这种情况下打开一张图片可能就会花掉很多时间。还有就是早期不同的网络浏览器功能并不相同，还有很多家庭的电脑上的浏览器并不具备看图的功能。这种情况之下，放置大量图片的结果就会让客户迷惑不解，根本看不懂网站的内容。

当然这也受限于亚马逊自身的条件：第一，他们有很多软件工程师，却没有平面设计师，不懂得如何更好地处理这些图片。第二，大多数的出版商并不向他们提供图片。

不管是有意为之还是迫不得已，亚马逊最初的舍弃图片功能的行为，虽然看似逆潮流而动，但是却更加适应当时的市场需求。

亚马逊从开始运行到系统逐渐稳定，到网站逐渐被客户认可，确实经历了一个非常长的时间。在这段时间里面，亚马逊不断地尝试，不断地发现问题并解决问题，在再次尝试、再次调整的过程之中逐渐成长起来。

贝佐斯和他的团队一直把一件事情铭记于心，那就是"把客户的需求放在第一位"。正是因为有这样的企业理念，亚马逊才能在后来的日子里不断地发展壮大。

【贝佐斯说】

顾客在网上购书是为了获得和实体书店一样的购书体验吗？绝对不是，他们来网上书店，需要的是方便、迅速、准确地买到他想要的书。我的要求是，能通过优化流程解决的尽量优化流程，先让顾客满意，然后挣钱。

第三章
拒绝慢生长，以"超预期"法则行动

　　亚马逊的企业规模超过以往，客户数量也超过以往，公司的触角已经延伸到了更多市场之中，看起来，公司在电子商务领域里的地位越来越牢固。这看上去很美，但却时刻隐藏着危机。我们虽然不必像某些评论家那些悲观，但也必须承认，我们很多的决策都没有达到预期效果。

　　对于亚马逊这样的企业来说，任何时候，都需要以敏锐的市场前瞻性和迅速的技术执行力来面对多变的市场环境。如果稍慢一点，必将被淘汰。

美好预期蕴藏在不懈努力中

亚马逊网站正式上线运营之后，图书的销量每天都在增长。第一周结束时，亚马逊接到了 1.2 万美元的订单；第二周结束时，周订单的销量增加到 1.5 万美元。

但是亚马逊的发货量却相差甚远，第一周只发出了 864 美元的书，第二周只发出了 7000 多美元的书。

亚马逊发货量跟不上成交量的原因，除了从经销商那里订货的时间久之外，还有就是亚马逊开业两周多了都没有雇专人负责包装和发快递，每个员工都要做这项工作，而且很多时候要工作到凌晨两三点才能完成。

随着销量的持续增加，贝佐斯不得不找专人来做这件事。有专人负责向经销商订书，而亚马逊卖给顾客的书则同样有专人负责打包和发货。

不久之后，贝佐斯把公司从原来的改装车库中迁了出去。他在西雅图一个工业区租了一个店铺。店铺在二楼，总共有 100 平方米那么大，足够现在亚马逊团队的全部人员使用。而且在地下室中还有 37 平方米的仓库，可以用来存放暂时没有发出以及退回的图书。

贝佐斯一开始的想法是"好钢用在刀刃上"，公司的钱全部用来开发软件和维持网站运营。至于办公家具方面，贝佐斯则是能省就省。比如办公区的桌子是用门板做成的，而工作站的电脑则全部放在简易的金属架子上面。

不过亚马逊员工的热情显然没有因为老板个人的抠门而受到影响。

网站从开始运营以来，买书的人每天都在增加。为此，一个程序员设计了一个程序，只要有订单进来，亚马逊所有的计算机都会响铃。开始的时候大家觉得这是一个伟大的创举，因为第一，不会耽误下单；第二，每一个人都能感受到客户增加带来的巨大成就感。

但是问题是，当客户特别多的时候，这个设计就让人不堪其扰了。最后那个程序员不得不关掉了这个响铃的功能。

亚马逊顾客的增长速度真的非常之快，到10月份的时候，亚马逊每天收到的订单就已经超过100个了。

之所以有这么快速的增长，除了赶上了互联网人口增长的快车之外，亚马逊成功的营销策略无疑是一个关键因素。

贝佐斯在网站上线之初，就决定让所有的图书都打折出售。虽然对亚马逊来说，这样的销售策略是赔本的，但是贝佐斯却有意为之，他把畅销书的赔本销售当成招徕顾客的法宝。贝佐斯并不讳言他是从零售巨头沃尔玛那里学到的这个方法，而事实也证明这对早期客户的增长起到了非常大的作用。

另外他还将经销商书库中所有的图书全部打上了9折的标签。虽然亚马逊"全世界最大的书店"的名声还没有叫响，但是

"最便宜的书店"的形象却深入人心。

最绝的事情是亚马逊的员工想到了一个主意，就是定期挑选一些特殊的书作为每日焦点图书，每日焦点图书会在网站的主页进行重点介绍；这些书最多可以打到6折。这才是亚马逊将来可以战胜其他电子商务网站和实体书店的真正法宝。

不过直到6个月之后，巴诺书店才开始注意到亚马逊在干什么。因为在那之前，亚马逊销售出的几百本图书对实体书店来说，简直可以忽略不计。

除了打折之外，贝佐斯还决定让亚马逊的网站能够实现一些实体书店所不能提供的功能。

举个例子来说，亚马逊的编辑们开始根据顾客的购买记录为他们推荐类似的新书，或者他们认为顾客会感兴趣的书。比如给那些买过孕产知识书籍的顾客，推荐育儿方法类的图书；或者给喜欢美国历史的读者，推荐最新的《内战中的战役指南》等等。这些信息全部建立在对顾客购买行为的统计分析之上，而这恰恰是亚马逊这家科技公司相对于一般实体书店的优势所在。

除此之外，亚马逊还让客户自己做些编辑的工作，撰写书评，或者把他们的个人感受写下来。其他顾客可以给别人的评论打分。有时候亚马逊还会请原书的作者来对顾客评论中提出的问题予以回复。

不过既然是自由评论，自然有说好的有说坏的，按照惯常的逻辑，网站应该会保留好的评论，而把那些负面的评论删除，这样才方便销售。但是贝佐斯在这件事情之上，力排众议，坚持保留所有的评论——不管是正面的还是负面的。他认为顾客完全可以自己判断这本书是不是物有所值，这样消费者完全可以避免买到那种华而不实或者内容枯燥的书。这件事情充分说明，贝佐斯是以满足顾客需求为首要目标的。

如果说评论更多是单向的，那么亚马逊的下一个设计就充分考虑了交互式交流的可能。当顾客登录亚马逊网站时，可以设定为可见或者不可见，在可见的情况下，每一个顾客都可以与浏览同一本书的顾客认识，并且相互推荐图书。听完这个你觉不觉得这有一点社交网络 Facebook 的感觉——是的，亚马逊是最早意识到客户有在网上形成固定的圈子的习惯。

更让人叫绝的是，贝佐斯邀请美国当代著名作家约翰·厄普代克写了一个短片故事的开头，题目叫作"谋杀造就了杂志"，然后让读者发挥想象力续写后面的部分。结果这个故事一共征集到了 40 万个结局。

亚马逊每周挑选一名优胜者，发给他 1000 美元的奖金，连续评了 6 个星期之后，亚马逊从 6 名优胜者中随机抽取一人获得最终大奖，并给获奖者颁发了 10 万美元的奖励。通过这次营销活动，有更多的读者参与到亚马逊的书评写作之中，亚马逊俨然变成了书迷们的早期社交网络。

正是因为亚马逊一开始就把顾客的体验放在首位，而不是盈利，所以亚马逊的顾客数和订单量增长很快。

到了 1996 年夏天，亚马逊的销量从一天订购 100 本书发展到一天订购 5000 本。没有哪一家实体书店能够增长这么快，也没有哪个实体书店能在短短不到一年的时间里实现这样的巨变。所有的事实都证明，贝佐斯当初对在线销售图书的想法是多么富有远见。

这个时候，不管是网站的访问量，还是在线的成交量每天都在增长。但是那时候贝佐斯还坚持着零库存的理念，他认为只有零库存才能保证利润率。但是瓶颈出现了，如果亚马逊不扩大仓库或者储备图书，那么后面的经营很可能就无法开展，面对现实，贝佐斯不得不改主意。

【贝佐斯说】

只有不骄不躁，坚持不懈地努力，才能实现你的预期，不要自欺欺人地认为稍微用点力气就能成功。反复思量每一步该怎么做，并从中获得经验，吸取教训，这样就不会轻易迷失，也能尽早看到成果。

超前意识就是优势

按照贝佐斯最早的创业计划，亚马逊根本不需要建立太多的仓库而且要保持零库存。但是当订单增加到一定量的时候，他不得不改变自己的想法。

贝佐斯在这次调整中既没有拘泥于原先的想法，也没有简单地根据销量增加库存量，而是更加大胆地往前迈进了一步——大力增加仓库，并且通过现代化的手段提升仓库的效率。

在贝佐斯看来，首先，客户先下单再向经销商订货的办法有些行不通了。经销商虽有足够的存货在他们的仓库里，但是却不可能像亚马逊一样安排大量的客服人员去处理订单。让他们每天配送出去 5000 本一模一样的书可能很容易，但是让他们每天配送出去 500 本不同的书，那么他们一定要抓狂了。

另外，经销商将图书送到亚马逊后再由亚马逊送出，这种配送方式的时效性受到了客户的质疑。即使由经销商直接发货给客户，送货时间也很难保证。越来越多的图书购买者希望在一天甚至更短的时间里收到他们买的图书，但是原有的模式显然做不到。

为此，贝佐斯不得不建立仓库，开始的时候只是用来存放图书，然后在那里打包并把它们配送出去。但是随着订单的增加，仓库不得不扩容。亚马逊在西雅图的仓库，两年时间内面积增长了 70%，而后又在特拉华州的纽卡斯尔新建了一个仓库。

当然，建仓库是不够的，后来贝佐斯发现，如果要提高效率，首先要从自己的仓库开始，因为仓库越大，找到一本图书的难度越大。

贝佐斯心目中的"配送中心"，是能够将书整理好，可以快速查找，可以和订单编号对应，可以快速地包装之后运送出去的现代化仓库。而在这方面贝佐斯和他现有的团队显然没有了解这一业务的人，从其他行业之中寻找优秀的人才，就被提上了议事日程。

贝佐斯选择的目标，是零售业真正的巨头——沃尔玛。沃尔玛在配送中心的管理方面有着非常独特的经验，既然要偷师，自然要选择最好的企业去学习。

贝佐斯向沃尔玛学习的方式很独特，就是直接从沃尔玛公司挖走了 15 个配送中心的中层管理人才。为此，沃尔玛甚至把亚马逊告上了法庭，谴责亚马逊的行为是不正当的，而且给沃尔玛带来了经济损失。

贝佐斯自然不肯示弱，在法庭上他援引山姆·沃尔顿在自传中的描写，"他（山姆）本人是多么喜欢从竞争对手那里获得新鲜血液"，由此来证明亚马逊的行为并没有错。

不过最后双方选择了和解，亚马逊从沃尔玛挖来的员工之中，有的被调换了工作岗位，有的签订了竞业限制合同。

不过贝佐斯已经从沃尔玛的员工那里学到了足够知识，如果非要有什么改进的话，那就是如何更加有效地利用电脑，实现配送自动化。

1999 年底，贝佐斯一共建立了 5 个巨型的高科技仓库，面积达到 25 万平方米。贝佐斯骄傲地宣称："在和平年代，这是配送能力最为迅速的扩张。"

亚马逊增加的不仅仅是仓库面积，更重要的是通过高科技系统提高了仓库的效率。在这些仓库里面，如果订单进入系统审核过后，计算机系统会通过条形码阅读器和无线电发射机追踪商品，并将其通过 16 公里长的皮带传送到打包站。这种高科技手段不仅大规模地节约了人力，同时提高了效率。

这些高科技仓库的出现使亚马逊每一天可以配送的图书数量增加到了 100 万箱。

为了更快速、便捷、低成本地将货物运送到顾客的手中，贝佐斯花重金建立了仓库和配送系统。而这些投入即使再过十年都不可能从顾客买书的费用之中挣回来，投资人甚至连竞争对手都搞不清楚贝佐斯为什么要舍本逐末。

如果说一开始增加仓库容量是客户需求倒逼贝佐斯做出的决策，那么后来贝佐斯则完全是在主动扩张。究其原因，是因为贝佐斯意识到，亚马逊真正能够成功的两个关键，一个是关注客户体验，一个是规模化带来的低成本效益。要满足以上两个条件，仓储都是重中之重。

亚马逊在全国建设仓库，但是物流工作却坚持外包给第三方来做，一方面是为了节约成本，一方面也是因为美国物流非常正规，交给他们既能享受专业服务，又能降低经营风险。亚马逊把国内的配送业务委托给美国邮政和 UPS，将国际物流委托给国际海运公司等专业物流公司，自己则集中精力去发展主营和核心业务。在贝佐斯看来，应该"由专业的公司去做专业的事情"。

当然这不是说贝佐斯不会越俎代庖，在送货中，亚马逊会采取一种被称之为"邮政注入"的方式以减少送货成本。

所谓"邮政注入"就是使用自己的货车或由独立的承运人将整卡车的订购商品从亚马逊的仓库送到当地邮局的库房，再由邮局向顾客送货。这样就可以省略邮局对商品的处理程序和步骤，为邮局发送商品提供便利条件，也为自己节省了资金。据一家与亚马逊合作的送货公司估计，靠"邮政注入"方式节省的资金相当于头等邮件普通价格的 5%—17%，十分可观。

除此之外，亚马逊在仓库和物流公司之间的合作上还进一步精细化。比如不同的商品从不同的仓库发出，实现仓库的专业化管理，提高效率。另外，根据客户订单上的产品是在仓库还是在经销商那里，将产品区分为现货或需要等待，客户还可以选择通过陆运还是空运的方式派送。所有的这些信息，亚马逊全部会在仓库分拣的过程中实现。也就是说，亚马逊将订单派送至邮局和快递公司前已经做好分拣，大大减少了快递公司的工作量。

在 1996 年至 2000 年期间，贝佐斯把从投资人和股市那里融资来的钱的 50% 都花在了仓库建设之上。虽然当时看来，他的建设有些太超前，而且一开始的时候还有大量的仓储空间被闲置，导致很多投资人质疑贝佐斯花钱大手大脚。不过当他们知道贝佐斯规划的宏伟蓝图，知道亚马逊下一步的发展方向之后，反对的声音全部戛然而止。

贝佐斯就像一个有远见的战略家，一边大力发展仓储，一边开始筹划进入图书之外的其他行业。在贝佐斯看来，他要打造的是一个电子商务帝国，亚马逊也从来不只是卖书的企业。

亚马逊大力增加现代化仓库的工作，开始于 1999 年，现在我们觉得这些很简单，但是在当时做这些却需要相当大的魄力。

中国的电子商务教父马云曾经一次次打破旧有规则，对业务进行创新。2013 年 5 月 10 日，辞去阿里巴巴 CEO 的马云，把目光放到了仓储和大物流整合发展的方向之上，说明马云一样认识到了仓库和物流的重要性。

任何电子商务企业都离不开这最后一公里的服务，而且未来客户是否对产品满意很大程度上也决定于这最后一公里的服务。不过，贝佐斯比中国的企业早了 14 年意识到这个问题，这正是贝佐斯高瞻远瞩、未雨绸缪的一面。

【贝佐斯说】

我们决心打造最优质的服务，这是我们一直努力的重点。为了抢占行业制高点，我们要比竞争对手想得更多，我们一刻都不能停下。的确，这会发生一些问题，但是我们可以在过程中解决这些问题。关键要抢在别人前面。

与合作伙伴一起共赢

1998 年，亚马逊已经拥有了 1600 名员工，每个员工创造的年收入多达 37.5 万美元。亚马逊每年的收入增长速度超过 300%，没有哪家实体书店可以和亚马逊相比。

当别人以为贝佐斯将为自己取得的巨大成绩沾沾自喜的时候，贝佐斯已经把眼光放在了更遥远的地方。

贝佐斯已经决定在亚马逊的平台上销售其他商品了。就像当时选择图书作为网络销售的商品一样，贝佐斯在选择新的产品时参照了和那时同样的标准——

（1）产品信息简单，可以通过网上的简介充分让消费者了解产品。

（2）产品有明确的行业标准并且被广大消费者接受。

（3）产品有着非常大的市场，亚马逊可以通过规模效益取得领导地位。

当然还有最简单也是最重要的一条，就是产品容易配送。

被贝佐斯选定的第二种商品不是别的，而是音乐 CD。

销售图书，亚马逊是第一个吃螃蟹的，但是销售音乐 CD，却早有其他网站捷足先登了。当时有两家在网上销售 CD 做得不错的网站，分别是 CDNow.com 和 n2K.com。

贝佐斯是那种要么不做，要么就做到最好的人。他在做了决定之后，给了亚马逊的员工 6 个月的时间去做准备。

他们在亚马逊的网站上一共放了 12.5 万种 CD 的产品信息，这是大多数实体音像店数量的 10 倍，而且也超过 CDNow.com 和 n2K.com 的 CD 数量的总和。而且亚马逊的团队吸收了他们在图书销售中总结出的经验，他们知道怎样做能够更加吸引顾客。

首先，他们提供了 22.5 万首歌曲的试听片段，这可是个耗时巨大的项目，不过试听的功能却满足了顾客最大的需求。其次，亚马逊为了方便顾客选择商品，提供了一张"必备品"清单，这是为那些想要收集音乐的人准备的。除此之外，还有 CD 畅销榜、音乐新闻等功能。总之，亚马逊希望能提供让你成为一个专业的发烧友所需要的所有知识。

除此之外，像购买图书一样，亚马逊允许顾客自己写评论，让顾客参与到其中。当然顾客最关心的还有价格，亚马逊的 CD 价格足够便宜，所有的 CD 都打折，最多的能够打到 6 折。这些无论是实体书店还是其他网站都不可能做到的。

1998 年 6 月，亚马逊正式开始 CD 销售。到了 10 月份，销售额增长迅速。实体音像店感到了威胁，就连 CDNow.com 和 n2K.com 也决定联手以对付亚马逊这个庞然大物。

当时《圣何塞水星报》采访贝佐斯，问到 CD 销售究竟是水到渠成还是蓄谋已久时，贝佐斯没有正面回答，只是告诉记者，"亚马逊要扩张到品牌、技术和客户基础三个条件所能结合的任何领域，音乐只是其中之一。"

贝佐斯的野心昭然若揭，以至于其他电子商务网站都开始担心，不知道下一步亚马逊将进入哪一个领域。

贝佐斯每次决定上线的产品，都是他经过充分的市场调研才选定的。就像从卖书到音乐 CD，两种产品有一定的关联性，而且亚马逊当时的服务流程、下单系统以及快递方式等方面都比较适合销售音乐 CD 产品。

音乐 CD 之后，贝佐斯的眼睛立马盯上了一个和 CD 类似的产品，就是影视 DVD。在 DVD 上线之前，亚马逊收购了"互联网电影数据库"（IMDb），借助 IMDb 长期积累的客户口碑，亚马逊为自己的 DVD 销售奠定了非常好的营销基础。在 IMDb 网站上，当网友讨论一部电影时，网站会自动跳出一个弹框链接，告诉别人可以在亚马逊的网站上买到这件产品。

这种营销形式，既能准确找到目标消费者，又进行了有针对性的告知，效果非常明显。亚马逊的 DVD 的销售也从无到有，并且在短期内实现了飞速增长。仅仅用了 6 周的时间，亚马逊的 DVD 销售额就成了所有在线销售网站中的第一名。

想一想后来雷军在卓越网刚刚上线的时候就选择了 CD 和 DVD 进行销售，应该出于和贝佐斯相同的想法。当然亚马逊的每一个新产品的尝试并不总是成功的。比如为了与 eBay 竞争推出的亚马逊拍卖，就是一个例子。

eBay 于 1995 年 9 月 4 日成立，比亚马逊上线时间晚了不到两个月。但是它走了一条完全不同的电子商务路线。eBay 更像一个网上的跳蚤（二手货）市场，成千上万的第三方卖家在网上出售那些珍藏的或者不用的物品。感兴趣的人可以在上面讨价还价，然后购买自己想要的东西。eBay 主要通过交易抽成来盈利。

亚马逊在 1999 年 3 月增加了"亚马逊拍卖"业务来与 eBay 竞争，但是贝佐斯这次显然用错了力。亚马逊的优势在于其大容量仓储和低价销售，而拍卖则完全是另一套玩法。最终亚马逊承认"亚马逊拍卖"的运作并不成熟，然后悄然下线。不过原来卖二手货起家的 eBay 却开始利用平台的优势，逐渐销售起新品来，成了亚马逊的一个主要竞争对手。

贝佐斯对销售更多产品的构想并没有因为"亚马逊拍卖"的失败而受到影响。他按着自己规划的蓝图向新的领域逐渐扩展，一开始是服装，后来是鞋子，当然还有其他更多的门类，比如母婴用品和玩具、洗化用品、五金工具等等。

对于亚马逊这个成功的电子商务平台来说，再多商品也不算多。贝佐斯选择商品的原则很简单，能否实现大规模仓储，能否低价销售，产品的需求是不是很大。只要满足了这些条件的产品，都会在亚马逊网站销售。

贝佐斯还有一个不为人知的想法，即使亚马逊不断地壮大，也不可能去囊括所有的产品种类。而且只要亚马逊的模式一成功，立马会有模仿者出现，不管经营得好坏，总会分流一部分客户。而且在市场中还有很多销售其他产品的网站会成为亚马逊的竞争对手。

鉴于以上的原因，与其让竞争对手有一天发展壮大了和亚马逊竞争，还不如给他们一个平台在亚马逊给定的范围内发展。这个平台就是后来被贝佐斯一直看重的"亚马逊市场"（zShops）。

在 zShops 里面，个人和各行各业的零售商都可以通过亚马逊销售自己的商品，每一单销售达成，亚马逊会收取 5% 至 25% 的手续费。这样亚马逊就把自己立于不败之地，假使顾客比较之后没有买亚马逊的商品而买了 zShops 里面合作商家的产品，亚马逊一样能够挣钱。

从这一点上我们不得不佩服贝佐斯的头脑灵活，他总是能够发现别人想不到的模式，实现亚马逊的长期发展以及与合作伙伴的共赢。

【贝佐斯说】

亚马逊从网上书店转型为网上百货商店，将不可避免地对传统大型零售商和专业零售商造成巨大冲击。这表明我们在用户生活中的重要性日益增加，这也是我们一开始就确定的愿景，我们获得了用户的信任，我们抓住了这个机会。

认定努力方向，并使它成功

亚马逊上线的第三天，雅虎的创始人杨致远给贝佐斯发了一封邮件。杨致远写道："我觉得你的网站很酷，愿意我们把它放到'酷东西'页面吗？"

贝佐斯认为，雅虎是互联网新贵不假，但是把自己的网站放到雅虎之上究竟适不适合，他本人并不清楚。在他看来，"那就好像从着火的管子里面喝水一样"，似乎很难有明显的效果。

不过贝佐斯显然低估了雅虎的影响力。从亚马逊被放到雅虎"酷东西"页面列表中的那一天开始，它的订单量就获得了飞快的提升。

贝佐斯从这件事情中认识到，亚马逊网站要想扩大影响力，广告营销必不可少。为了让技术精英之外的人群也知道亚马逊，贝佐斯在 1996 年总共花了 34 万美元去做广告。而这些广告主要投放在了雅虎、Excite、AOL 美国在线等著名网站。事实证明，对一开始名不见经传的亚马逊来说，网络广告是最经济而且最有效的传播方式。

亚马逊的广告除了选择对了投放的媒体之外，广告代理公司的贡献同样可圈可点。一家名为 USWeb/CKS 的广告公司用一种幽默的方式来展现亚马逊的图书范围有多广："163 本书是关于结婚的，798 本书是关于离婚的。""16 本书是关于男性秃顶的，128 本书是关于帽子的。"

除了这些花钱的广告之外，亚马逊还会利用合作伙伴的关系，让他们免费为其做广告。就像我们之前曾经提到的，只要消费者通过第三方网站的链接找到亚马逊并达成交易，亚马逊就会将交易额的 15% 作为奖励返还给该网站。正是因为这个原因，很多合作网站非常乐于在自己的平台上推荐亚马逊的产品，这样他们就会获得额外收入。

网络广告的一大特点就在于其动态实时性，每天都更换的广告版面使得顾客能够了解到最新的出版物和最权威的评论。不过当亚马逊成长为一家上市公司后，贝佐斯就不能再用这种作坊式的广告来提升销量了。

1998 年年中，贝佐斯在市场宣传上的投入明显高于往年，光是前三个月的花费就超过了 2600 万美元。这个时候亚马逊不仅仅在网站上做广告，他们开始在主流的报纸上登广告，比如《纽约时报》和《华尔街日报》；然后亚马逊开始在美国有线电视新闻网上播放广告。相比于网络媒体，这些传统媒体的广告费用高得惊人。1998 年，亚马逊的广告花费超过 1.3 亿美元，差不多占了当年营业收入的 1/4——要知道这可不是利润。

不过贝佐斯花大量的钱在电视广告上并不代表他就完全相信电视广告的效果。亚马逊曾进行过一项试验，目的是评估做电视广告是否划算。它选择了两个目标市场：美国俄勒冈州西北部的波特兰市和明尼苏达州东南部的明尼阿波利斯市，在这两个城市做了 16 个月的电视广告。这是一个不同寻常的举措，因为其他公司极少做这样的试验，而且即使做也很少超过 3 个月。

尽管电视广告使亚马逊在这两个城市的销量有所上升，但贝佐斯认为这还不足以弥补成本，于是他决定把钱花在降低价格和免费送货上。贝佐斯坦白地说："我们太过于执着了。这是一次长时间的、昂贵的试验。"

亚马逊的政策是，顾客的购买金额超过 25 美元时，亚马逊就免费送货。这样等于把用于广告的投入变成优惠反馈给消费者，这能让更多的顾客愿意在亚马逊购买商品。在贝佐斯看来，客户的口碑可能比电视广告的效果更好。

不过即使贝佐斯缩减了在电视广告方面的投入，但是对于互联网广告的投入却不能减少。而且电子商务行业竞争激励，一旦广告投入减少，首先可能市场份额会受到蚕食。另外，如果在媒体曝光的频率少了，也会让投资人和合作伙伴对亚马逊的发展产生担忧。所以在广告投入方面，亚马逊既是主动的，也有被动的。

从 2007 年的 1.48 亿美元到 2008 年的 5.4 亿美元，亚马逊的广告费用增长了 265%。2009 年比起 2008 年更加庞大，达到了 6 亿美元。当年亚马逊的总收入是 16 亿美元，这次亚马逊的广告花费占收入的比例增加到了 30% 以上，当年亚马逊总计亏损 7.2 亿美元。

2012 年，亚马逊投入的广告费用虽然比 2009 年少了许多，只有 2.45 亿美元，但较 2011 年增长了 58%。到了 2013 年，亚马逊仅仅在谷歌上的广告投入就达 1.577 亿美元，成为谷歌最大的广告客户，是微软的两倍。

贝佐斯之所以用这么激进的方式投放广告，一方面是因为他充分尝到了广告的甜头，另一方面则是因为亚马逊的模仿者以及竞争的网站越来越多，如果不通过广告的形式树立品牌，展现实力，那么亚马逊很可能就会被超越。至少在资本市场上，他不会像以前那么好过了。

【贝佐斯说】

尽管公司的网站在运转初期非常缺乏经验，但亚马逊还是取得了快速的发展。我们通过各种有效的方式使这种发展保持持久性。只要有益于我们的顾客，亚马逊都会积极地投入资金。一旦你认定那就是你努力的方向，任何促使它获得成功的方式都是好方式。

第四章
借力四方，让资本为你走直线

　　如果有人预料到当今发达的数字世界，就不会对当初的亚马逊投来质疑的目光，我还记得，有人曾当着我的面说我是本世纪最大的骗子。我不想说我多么的有远见，世界是发展的，人是很容易随波逐流的，有长远眼光的人会懂得亚马逊的价值，而人生短暂，所以无暇同无聊的人交往。

与志同者一起投资自己的梦想

1994 年，贝佐斯准备启动亚马逊公司的时候，就连商业计划书都还没有写好。但是他对于自己要成立一家什么样的公司，却是胸有成竹。

成立公司自然要有启动资金，贝佐斯一开始并没有考虑融资，启动资金全部来自他自己的投资。

他用 1 万美元购买了 1020 万股亚马逊的股票。那时候他给亚马逊定的股价是 0.1 美分一股。到了年底的时候，启动资金全部花完了，贝佐斯又从自己的钱包里面拿出 4.4 万美元作为无息贷款提供给亚马逊。

估计这个世界上没有什么东西比互联网更加烧钱的了，4.4万美元也仅仅够亚马逊网站坚持到第二年年初。

1995 年 2 月，贝佐斯出售了 58.2 万股给他的父亲，筹集了 10 万美元，那时亚马逊的股价涨到了 17.17 美分。

贝佐斯的家人选择投资亚马逊，不是因为他们看中了互联网行业的前景，而是因为他们看中了贝佐斯。他们从小看着贝佐斯长大，了解他的性格，知道他想做的事情就一定会成功。而这 10万美元与其说是投资，还不如说是他们对贝佐斯的爱和支持。不过他们更应该庆幸自己有一个好儿子，这笔 10 万美元的投资在未来将获得超过 100 倍的回报。

1995 年夏天，贝佐斯和家里投入在亚马逊网站上的钱全部花完了。贝佐斯虽然已经尽可能地在节省一切费用，但是互联网公司的各项花销还是大得惊人。这时，他想到的办法就是去找自己的朋友尼克·哈诺尔，因为自己来西雅图之初哈诺尔就曾表达过投资的意愿。

哈诺尔是个热心肠，他不仅打算自己投资，还给西雅图附近资金雄厚的人打电话，希望他们一起投资。尽管哈诺尔自己被贝佐斯深深打动，但是他认为贝佐斯在说服潜在的投资者方面实在是太差劲了，因为被贝佐斯说服的人寥寥无几。

不过贝佐斯认为自己已经把在线书店计划描绘得足够完美了，问题在于那个时候在线书店的呼声固然很高，但是这个想法太新鲜了，人们还一时难以接受。

几乎每个人都在不停地告诉他，人们更加喜欢去实体书店，而不喜欢在网上买书。这个时候贝佐斯会背诵出一连串的数字告诉你现在网上图书的销量，以及和实体书店的对比。在贝佐斯看来，既然数字已经证明的事情，就不需要多费唇舌了。

这时，一个叫埃里克·狄龙的股票经济人主动给贝佐斯打了一个电话，希望能够投资。但是他觉得 600 万的估值太高了，他试图说服贝佐斯把估值降到 500 万。

贝佐斯对究竟是 600 万还是 500 万估值的问题并没有太过纠结，他只是把其他互联网公司打算筹集的资金数额告诉狄龙，这样狄龙就会明白，投资亚马逊绝对是一个物超所值的项目。

在聊天的过程中，他发现狄龙对股票以及企业融资等问题了如指掌，而现在亚马逊的团队中正需要这样的人，如果狄龙能加入董事会，贝佐斯并不在意估值的高低。

另一个对亚马逊感兴趣的人是汤姆·埃尔伯格，他发现了亚马逊的成长潜力。埃尔伯格仔细研究了亚马逊的所有报表，发现亚马逊一年内进出的图书是一个平均水平的书店库存的 20 倍，这说明两个问题，第一亚马逊的销量非常之大，第二亚马逊的库存周期非常的短，对一个零售企业来说这简直太难得了，何况它还是一个互联网公司，所以埃尔伯格也决定投资。

最后还是哈诺尔先做出了表率，他第一个投资，其他人则紧随其后。到年底的时候贝佐斯总共从 21 个投资人那里募集了 98.1 万美元。钱虽然不多，但是至少可以维持公司一段时间的发展。而且贝佐斯还把热心的哈诺尔，以及经验丰富的股票经济人狄龙和善于分析的埃尔伯格邀请进入董事会，担任亚马逊公司的顾问。

1996 年，对互联网行业来说是狂欢的一年。去年 8 月网景公司的成功上市并且募得大量资金，刺激了投资者的神经，也点燃了互联网行业融资的热情。

美国泛大西洋投资集团的负责人上网时发现了亚马逊网站，他打电话给贝佐斯，经过一番长谈之后，决定在给亚马逊估值为 1000 万美元的条件下注入一些资金。

这个时候亚马逊的年收入达到了 500 万美元，而且还在不断地增长之中。1000 万美元显然低估了亚马逊的价值，经过一番商议之后，贝佐斯和他的顾问们决定试试按 5000 万元估值拿出公司的一部分股权来筹资。

　　而且他们看不上泛大西洋投资集团，他们更希望能找美国顶级的投资公司来运作这件事情。而贝佐斯的顾问团队建议他选择 KPCB 风险投资公司。

【贝佐斯说】

　　面对那些竞争对手的挑战，我们所能做的就是不断拓宽"亚马逊流域"的边界，不断制造新的增长点来为资本市场打上一针又一针强心剂。亚马逊懂得坚持、耐心、长远这些品质的可贵，这也是别人看中我们的地方。我们将一如既往地保持下去。

把钱花在有意义的事情上

KPCB 是美国最大的一只风向投资基金，主要承担全美各大名校校产的投资。KPCB 真正声名鹊起是他们一直支持高科技企业的发展，比如投资康柏电脑和太阳微系统公司这样的企业；特别是他们抓住了互联网崛起的时机，投资 AOL 美国在线以及网景公司等，这些投资都给 KPCB 带来了非常大的回报。

确定选择 KPCB 作为投资者目标之后，贝佐斯选择了最直接且简单的方式去推进这件事情。他的顾问团队之中有人曾经和 KPCB 风险投资公司的约翰·多尔有联系，多尔可是华尔街的顶级风险投资商。贝佐斯让人给多尔打了个电话。

但是不巧，多尔并没有接到电话，也没有回复。但是其他风险投资商的电话却不断打来。因为借了网景和雅虎这样的网站上市的东风，整个互联网行业迎来了融资的高峰期。任何互联网公司，不管经营如何，只要有一个好的概念，都能吸引来大批的投资。

不过当投资商越随意的时候，亚马逊管理团队却越谨慎。亚马逊虽然缺钱，但是却知道找一个合适的风险投资商对品牌提升以及未来长远发展是多么的重要。

当贝佐斯的桌上已经有了美国泛大西洋投资集团的出价时，他知道这一轮融资至少有了保底的方案。他没有马上同意泛大西洋公司的方案，他还是对 KPCB 充满好感。

贝佐斯决定先去找 KPCB 曾经投资过的公司谈谈，听听这些公司的声音，也好作为参照。贝佐斯走访了十几家 KPCB 投资过的公司，不管是成功还是失败的，他都联系了。经过一番了解之后，他还是决定让约翰·多尔给亚马逊投资。

但是问题是，他们还没有和多尔真正取得联系。而泛大西洋投资集团显然更积极主动，他们亲自拜访了贝佐斯和狄龙，然后滔滔不绝地说了很多通过泛大西洋投资集团的投资能获得的好处。但是贝佐斯和狄龙一言不发，最终狄龙抛出一张大牌："如果你们能够估值 1 亿美元，那么可以马上签约。"

泛大西洋投资集团认为亚马逊疯了或者是狄龙在要他们，1 亿美元？要知道亚马逊成立至今还没有盈利，甚至连能不能盈利都不清楚。

不过泛大西洋投资集团的人显然没有贝佐斯和狄龙能沉住气。大概一个月之后他们又回到了谈判桌前，这次他们同意按 5000 万美元估值给亚马逊注入资金，但是狄龙还是没有同意。而且这次看似亚马逊还做出了很大的让步，狄龙同意将估值从 1 亿美元降到了 6000 万—7000 万。

这时候一直没有出现的 KPCB 虽然姗姗来迟，但是还是赶上了末班车。KPCB 提出用 800 万美元收购亚马逊 13% 的股票，这意味着亚马逊的估值达到了 6000 万。

贝佐斯对 KPCB 会投入多少钱其实并不十分在意，他提出一个附加条件，那就是要多尔加入亚马逊的董事会。多尔曾经是英特尔的创始人之一，也是 KPCB 的主要合伙人之一。如果多尔加入董事会，将对亚马逊的发展带来极大的促进作用。

最终多尔被贝佐斯的执着和诚意所打动，答应加入亚马逊的董事会，同时贝佐斯也获得了足够的资金支持。

贝佐斯的目标一直是盈利，从而获得华尔街的认可。但是当他有了这笔 800 万美元的投资之后，盈利的目标反倒不那么重要了。他更关心的是如何扩大市场份额，尽量做大，从而成为行业的标杆，为此他不得不把辛苦融来的钱大把大把地花出去。

贝佐斯花钱的大手笔并不代表他可以随意挥霍。亚马逊虽然因为人员快速增加搬到了一个大一些的办公场所，但是办公室一直没有怎么装修，甚至连办公的桌子都还是用木板做的。

贝佐斯把钱全部花在了最需要的地方。比如广告费，这是短期内之内提高亚马逊知名度和业绩的最好办法。在获得投资后的那段时间，亚马逊的广告几乎覆盖了所有主流的网站以及其他可能被看到的专业网站和论坛。

同时亚马逊还把对物流系统的建设提上了日程。他准备在全国建立几个大的仓库，这样顾客就可以在第一时间收到他们的货物了。

当然，要想占据足够的市场份额，还有一点很重要，就是降价促销。贝佐斯对书库里的几十万册图书，都打了比较大的折扣，有些甚至是 4 折。这些烧钱的行为效果很显著，亚马逊的客户数量不断增加，日订单量甚至早已经超过了 5000 本。

所有的迹象都表明，融资之后的亚马逊进入了高速发展期。

【贝佐斯说】

被青睐和被质疑对于亚马逊来说，都不会产生什么特别的意义。我们依旧会照着既有的步调往前走，不会为投资者的评价所左右——这一点被越来越多的人认同。当生命走到尽头，只有时间不会撒谎，做了什么，将要做什么，都取决于我们能不能为顾客带去更好的购物体验。

上市：为了创造长期价值

1997 年，亚马逊上线两年之后，选择了通过上市向公众募集资金。

在纳斯达克上市的网络公司都有着非常漂亮的说明书证明他们的项目是无与伦比的，而且有着看似完美的盈利计划。但是亚马逊不是，他的商业模式简单到甚至不用 A4 纸就能说清楚。华尔街的投资者并不看好亚马逊这样中规中矩的项目，认为它根本不具备高回报的可能性。甚至有些悲观的投资人认为，亚马逊这种不需要任何准入就可以在网上卖书的模式会被轻易复制，不出一年时间，亚马逊就会倒闭。

贝佐斯可没有时间去理会这些，他想的是，既然别人不理会亚马逊这样的模式，那么他也不会去白费唇舌。如果要找投资银行，就一定要找最能理解亚马逊模式的银行合作。正是因为这个原因，贝佐斯没有找摩根士丹利也没有通过高盛，而是找了一家并不知名的公司——DMG Technology Group。DMG Technology Group 的首席执行官弗朗克·奎特隆刚刚从摩根士丹利跳槽到此，而亚马逊是他争取到的第一笔大生意，所以他对亚马逊提出的各方面要求都十分配合。

奎特隆通过自己的业绩证明了公司聘请他是物超所值的。当时其他机构预估的亚马逊首日发行股票的价格为 13 美元，而且有可能破发，但是奎特隆力主亚马逊以 18 美元上市。后来的事实证明，他的判断很准确。

1997 年 5 月 14 日，亚马逊正式在纳斯达克上市。首日发行价定的是每股 18 美元，总共募集到 5400 万美元的资金。这时候亚马逊的估值达到了 4.29 亿美元。

贝佐斯在致股东的一份信中写下了他建立一个伟大的企业的构想。

首先是关于亚马逊的企业战略。

贝佐斯提出，"亚马逊将利用互联网为客户创造真正的价值，同时希望建立一种经久不衰的专营权利，不管是对于已经建立的市场甚或其他更大市场。"同时强调，"我们的目标就是尽快强化并拓宽自身目前的市场地位，为进入其他新的电子商务领域做好准备。我们依靠自己定位的巨大市场寻求长期持续的发展，这种战略并非没有风险，它需要严谨审慎的资源投入，需要强大果断的执行力，以对抗那些已经建立起强大专营权的所谓领导者。"

在这里贝佐斯透露出几个信息，首先，亚马逊是靠在线书店起家，但是绝不仅仅是卖书的网站，亚马逊将进入更大的市场；其次，首要目标是保持亚马逊在电子商务领域的领先地位，这将需要更多的投资；第三，所谓对抗"建立起强大专营权的领导者"，实际是指那些在实体经济领域的行业龙头，比如图书行业的巴诺书店，甚至零售领域的沃尔玛，其实贝佐斯早在布局之初就已经意识到了当电子商务发展到一定程度的时候，必定会冲击和改变实体经营的方式。

贝佐斯在信中重点向投资人和股东说明，那就是亚马逊不是一家短期能创造出巨大利润的公司，它是一个长期的项目。贝佐斯写道："我们相信，我们是否成功的一个重要衡量标准，就在于我们是否为股东创造了长期价值。"接着话锋一转才说出他的重点："这种价值直接来自我们巩固并拓展自身目前市场领导地位的能力，我们的市场领导地位越强大，则我们的经济模式越具有力量。强大的市场领导地位将带来更高的收益、更多的盈利、更快的资金周转速度，以及相应的更高的资本回报率。"

这是贝佐斯再一次向股东强调，这个阶段亚马逊的首要目标就是将企业做大，占据市场的领导地位；其他短期目标——比如盈利，至少在这个阶段不适合。

关于首要目标可不是一个泛泛的概念，贝佐斯将亚马逊要取得的市场领导地位予以指标化，即"客户增长率，收益率，客户愿意再次从我们这里购买的意愿程度，以及我们的品牌力量"。

同时贝佐斯也向股东们说明，"基于对长期目标的专注，亚马逊所做的很多决策以及衡量得失的方法都有别于其他一些企业"。下面就是一些亚马逊的基本管理和决策方法："我们将继续毫无保留地专注于为我们的客户服务，我们将更多地为'强化长期市场领导地位'这一目标做持续的长期投资决策，而短期的盈利以及华尔街的反应不是我们的决策方向。"

事实证明，贝佐斯确实够大胆的，在刚刚上市不久就敢发布这样的言论，这种与华尔街对着干的方式确实要冒很大的风险。不过贝佐斯知道，自己只要把握住一点就可以了，那就是专注于客户服务。当一个企业围着华尔街的指挥棒转来转去的时候可能会迷失方向，但是只要"专注"这一点做到了，就像拥有指南针，永远不会偏离方向。

"我们将继续优化我们的项目评估机制，分析投资决策的有效性，果断抛弃那些不能提供相应回报的项目，而对于那些运作良好的项目追加投入。同时，我们将继续从我们的成功及失败中汲取经验教训。

"对于那些有助于提升我们市场领导力优势的机会，我们将毫不犹豫地进行投资。这个过程中，可能会让我们付出一些代价，但是我们会从每一个案例中学习其有价值的东西。

"如果被要求在最优化 GAAP 报表和最大化未来现金流二者之间做出选择，我们会毫不犹豫地选择后者。

"当我们在做大胆的投资决策（竞争压力可行性范围内）时，我们会与您分享我们的战略决策流程，以让您评估这样的长期投资决策是否理性。"

这里贝佐斯向股东们明确了亚马逊的发展战略，那就是如果要取得市场的领先地位，不仅仅是要靠自身发展，还要在科学评估的基础上对有助于提升市场地位的项目进行投资。

很多创新型公司在埋头发展的同时，其实看不到这样的机会。但是贝佐斯不同，因为他出身于华尔街的投资公司，他知道怎么样通过最简单的办法实现目标，而且他很少走弯路。比如先收购影评网站 IMDb，将该网站与亚马逊充分链接起来，然后才开始大规模销售 DVD 就是一个很好的例子。

"我们会非常努力地工作，节约开支，并保持我们的精益文化。我们理解对于成本管控这种文化进行强化的重要性，特别是对于那些处于净亏损的项目。

"我们会平衡长期盈利与资本管理二者之间的增长关系。在这个阶段，我们会把市场增长放在最优先的位置，因为我们相信，一定的规模是实现我们商业模式最为核心的基础。"

其实亚马逊是在通过这两点告诉股东们可以对亚马逊放心，亚马逊会花钱，但是绝对不会乱花钱。节俭永远是亚马逊的文化，只有在合适的投资和收购机会到来的时候亚马逊才会投入现金。

"我们会继续专注于吸引并留住那些多才多艺极富能力的人才战略，继续为他们提供更多的股票期权，而非现金。我们深知，能否吸引并留住一群极富创造力的员工团队，将是我们成功的第一源泉。在这里，我们的每一位员工都必须热爱企业，而且他们自己就是企业的主人。"

在这里贝佐斯也说明了他一贯坚持的通过股权激励的方式，让员工感受到企业是一个长远发展并且可以为之付出辛勤劳动的地方。

贝佐斯在信中描绘了1998年度的经营目标：

"怎样通过电子商务和网络交易为我们的客户创造新的价值，对我们来说目前仍然处于一个初级的学习阶段。我们的目标仍然是巩固并努力拓展我们的客户群体，以及提升我们的品牌知名度。这需要我们加大对系统及其他基础设施的持续投入，以支持我们的客户在便捷性和服务能力方面的巨大需求。我们正在计划将音乐纳入我们的服务内容，并且随着时间的推移，我们相信其他一些产品也将会是我们谨慎的投资对象。我们也相信，提升海外客户的服务能力，将是我们巨大的机会，这包括了缩短配送时间，以及增强客户体验。确切地说，一个对我们目前最具挑战性的难题，不是寻找新的商业扩展途径，而在于如何划分我们投资的优先级顺序。"

在信的最后，贝佐斯写下这样的话充分表达了他带领亚马逊成功上市后的心理状态："网络书店，以及电子商务将会被证明是一个具有巨大机会的庞大市场，而且很多企业都极有可能从中获取巨大收益。我们对我们目前所做的一切感到非常满意，也对我们将来要做的事情感到兴奋。"

【贝佐斯说】

亚马逊关心的是长期发展，这也许意味着，在此过程中会输给一些只看未来两三年的更传统的公司。但如果我们只专注于两三年的财务报表，那么很多事情就不会发生。我们喜欢创新，我们会把眼光放及全球，看看有什么东西能给我们以启发。我是说，独特的想法很重要。

第五章
超越困境，就是俘获成功的机会

　　新的挑战不可能是一帆风顺、没有任何问题的。

　　面临新挑战时，失败和挫折是在所难免的。依靠一个月才会动一次的罗盘，就像走在不知迷途的丛林当中，完全不知道前方是大河还是高山，抑或是蛇的洞穴。

　　避开困境是无法创新的，也就是说创新总会经历挫折。相反，有时当你无路可走时，就会柳暗花明又一村。因此，身陷任何困境都是有价值的。

困境是发明和创造的必备成分

1999 年，百得公司（Black & Decker）的总裁约瑟夫·加利接受了百事旗下菲多利公司的邀请，出任其北美分部的总裁和首席执行官。这时候贝佐斯找到了他，希望他可以担任亚马逊的总裁和首席执行官。虽然加利从来没有管理过一家互联网公司，但是贝佐斯打消了他的顾虑。"亚马逊是一家互联网公司，但是也是一家零售企业，所有在零售企业成功的经验都有可能移植到亚马逊并获得成功。"

加利在和贝佐斯经过几次深刻的交流之后，认为这是一个进入互联网的大好机会。加利答应了贝佐斯的要求，并且帮助亚马逊收购了北方五金库这个邮购工具销售商，从此亚马逊进入网上工具销售行业。

正当加利干得风生水起的时候，一场意想不到的风暴正在向亚马逊袭来。

其实早在 1999 年 6 月，贝佐斯和亚马逊的高层们就已经感觉到了华尔街的变化。虽然亚马逊仍然在保持高速的增长，但是华尔街的分析师们没有像以往那么宽容，他们对"亚马逊伟大的季度，伟大的收入增长"不再感兴趣，而是更加关心亚马逊什么时候才能实现利润，利润空间有多大。

2000 年 1 月 1 日，人们担心的千年虫危机以及电脑崩溃没有发生，但是互联网行业的美丽泡沫却在那一刻彻底破灭了。

早在 1999 年底，分析家预测亚马逊的净亏损会高达 3.5 亿美元。根据 2000 年 4 月亚马逊发布的 1999 财年四季度财报显示：1999 年，亚马逊的收入增加了两倍，达到了 16 亿美元，不过亏损显然比预测的严重得多，达到了 7.2 亿美元。

一时之间，亚马逊面临崩盘的危险。当时的形势是整个互联网行业哀鸿遍野，没有谁比谁更好。

到了 2000 年 6 月，有 36 家在纳斯达克上市的互联网公司倒闭，到了年底这个数字增加到了 200 多个。纳斯达克指数从 5000 点降到了 3000 点。网络公司的股票平均贬值了 75%。

亚马逊唯一比别的互联网公司幸运的是，它的大部分收入来源并非高科技产品，而是网络零售。所以当高科技产品购买狂潮结束之后，亚马逊受到的冲击远远小于那些高科技企业。套用巴菲特的话，"退潮之后，才知道谁在裸泳"，亚马逊无疑是那个穿着泳衣的人。

不过即使这样亚马逊面临的亏损也是巨大的。为了让公司能够扭亏为盈，渡过难关，贝佐斯不得不采取了裁员措施，一共裁掉了 150 人。这是亚马逊从成立之初到 2000 年第一次大规模裁人。

亚马逊面临的问题不是简单的裁员可以实现的。之前贝佐斯一直在追求速度，用最快的速度发展壮大，从而使任何想要模仿亚马逊模式的公司都无法超越它。

但是高速发展的过程中难免忽略许多问题。比如效率低下，产能过剩，大量的人员闲置等等。

以 1999 年为例，亚马逊最新的位于堪萨斯州科菲维尔近 8 万平方米的巨型仓库的使用率只有 10%。贝佐斯原本希望可以用高速增长来解决这些问题，比如这个仓库如果在以前可能不用半年时间就可以填满。但是问题是，当互联网寒冬到来的时候，实体经济一样受到了影响。

2000 年是亚马逊历史上情况最糟糕的一年。1 月的时候，首席财务官基里·布兰农离职。7 月的时候，首席执行官约瑟夫·加利离职。亚马逊第二季度的财报显示的营业收入比华尔街的预计少了 2200 万美元，6 个分析师给亚马逊的股票降级，结果当天亚马逊的股价下跌了 13%。到了 2000 年底的时候，亚马逊的股票市值贬值了 90%，最低的时候一度跌到每股 15 美元，比原来上市时的发行价还低。

华尔街的分析师们终于开始放弃亚马逊这样的不盈利的公司了，经过测算之后他们发现，亚马逊是互联网历史上赔钱最多的一家公司。在过去 5 年中，贝佐斯一共从股市获得 20 亿美元；同样在过去 5 年中，贝佐斯领导的亚马逊一共亏损了 17.4 亿美元，从来没有盈利。

这似乎是亚马逊神话该终结的时刻。但是好在华尔街的投资人虽然苛刻，但是还没有到落井下石的地步。他们让贝佐斯至少给出一个可以盈利的期限，由此可见他们对亚马逊还抱有信心。现在华尔街要的是一家真正的线上零售冠军企业，而不是只会夸夸其谈的大把花钱的所谓"明星企业"。

贝佐斯吸取了教训，开始学习如何降低成本增加利润的方法，这其中就包括裁员和减少支出。裁员方面，主要裁掉的是那些"不能带来任何利润的人"；而在减少支出方面，贝佐斯聘用了懂得如何更有效经营公司的新经理人，采取财政紧缩政策，要求所有的重大采购都要经最高管理层批准。

他还暂停了无法带来利润的业务，取消回报率低的投资，加速成本消减，开始要求更加现实的财务预算。

每周每个部门的负责人都要与他一起回顾部门预算。贝佐斯这次是动真格的了，要求每个高管在预算中必须标明具体的收入目标，以及完成任务所需的期限。然后贝佐斯给他们每个人一段时间带薪休假，然后让他们去西雅图的总部上财务课程。

贝佐斯试图使华尔街相信，他把降低成本的鞭子挥向了那些亚马逊的中层经理们。而且他一直在向他们要求增加收入，以打消投资人的疑虑。"我们希望你能赚到50万，我们希望你们能赚到75万，我们希望你能赚到150万……"

尽管贝佐斯对每一个中层经理耳提面命，但是效果却微乎其微。虽然贝佐斯领导的团队竭尽全力去改变这一切，但是还是没能阻止亚马逊股价的下跌。

在投资人看来，这个时候除了上苍，没有人能够挽救亚马逊。

【贝佐斯说】

我天生就是个乐天派。有人告诉我说："Jeff，你别自欺欺人了，这个问题是不可能解决的。"但我并不这么认为，只要多花时间、多点耐心、多做试验就可以了。

构想坚定，细节灵活

面对亚马逊的危机以及华尔街的盈利要求，贝佐斯竭尽所能降低成本、缩减开支，但是效果并不明显。2000 年，贝佐斯毅然选择继续扩大亚马逊的销售品种，增加了草坪和庭院设施、健康与美容产品、厨房产品的销售。在他看来，亚马逊的长远目标是保持市场地位，那么任何事情都不能改变这一策略，另外他也希望通过增加品种拉动网站的整体销售。

另外贝佐斯还投资了 living.com、Audible.com，以及在线汽车销售公司 Greenlight.com。如果在一个好的时期，亚马逊投资这些网站，可以获得长期获益的可能，这些网站也可以通过亚马逊获得流量，从而提升自身业绩，那么这就是一个双赢的结果。但是现在的问题是互联网寒冬到来，所有好的预期都可能遇到最坏的结果——后来的情况也证实了，这几个投资最终都是失败的。

2000 年 8 月，亚马逊开始了一个巨大的战略转移——开始帮着其他公司重建并且运营网站。这个转移和贝佐斯调整经营目标有很大的关系，因为贝佐斯发现，在目前的经济形势之下，很难通过亚马逊网站的销售来实现盈利。

亚马逊合作的第一个客户是玩具反斗城。玩具反斗城是全世界最大的玩具和婴儿用品零售商，在美国有 800 多家分店，另外在全世界 35 个国家拥有 600 多家店铺和 140 多家特许加盟店。但是这家商店的网站 Toysrus.com 的运营却一直出现问题。不仅仅是订单管理混乱、延期交货等让顾客头疼的问题，更糟糕的是有时候网站的整个系统会崩溃。

玩具反斗城的高管对于 Toysrus.com 的现状十分不满，这种情况下他们想找成功电子商务网站取取经。双方坐下来沟通之后，亚马逊发现 Toysrus.com 的很多问题都是和网络技术水平以及缺乏电子商务网站运营经验造成的。简单来说，玩具反斗城更像是把实体店里面的内容直接放到了网络之上，但对于电子商务的关键问题他们一无所知。

贝佐斯提出一个合作方案。亚马逊的团队帮助玩具反斗城重建网站，然后把网站放在亚马逊市场里面运营；亚马逊负责采购、运输和客服，玩具反斗城则承担库存的风险——包括购买亚马逊库存的玩具。

玩具反斗城带来的直接好处是网站专业性的提升和产品销量的大幅增长，而亚马逊则不用担心库存的风险。以往亚马逊要提前 6 个月从亚洲的生产厂商那里订购玩具，每一次订购产品的量都非常大。亚马逊虽然是世界上最大的电子商务网站，但是并不是无所不能。一旦玩具滞销，要么销毁玩具以节省库存，要么准备更大的仓库堆放更多的玩具，但是这都需要成本。与玩具反斗城的协议实际上等于把风险转嫁给了别人。

在当时的条件下，合作是双赢的最佳选择，两家公司都举杯相庆。而且合作的效果也十分明显，当年第四季度，亚马逊帮助玩具反斗城的网站 Toysrus.com 卖出了 1.25 亿美元的玩具和游戏卡带。

在玩具反斗城之后，采取同样方式运作的还有电子产品零售商"电路城"。

虽然亚马逊和玩具反斗城、电路城的合作是权宜之计，但是亚马逊推出的这个概念还是受到了很多品牌企业的认可。当年亚马逊就减少了库存数量，并且新增了盈利点，为 2001 年第四季度亚马逊扭亏为盈奠定了基础。

果然，第四季度的财报出来，人们惊喜地发现，亚马逊减去所有成本后盈利 500 万元，合每股 1 美分。当然没有哪个股东会觉得这 1 美分有点少，因为这至少比去年第四季度净亏损 5.45 亿美元听起来要让人舒服得多了。

在接下来的四天里，亚马逊的股价大涨了 42%，虽然只是每股 14.44 美元，仍然低于当初的发行价，但是，亚马逊至少让资本市场重新拾回了信心。

【贝佐斯说】

如果你不顽强，你就会过早放弃试验。如果你不灵活，你就会以头撞墙，并且找不到解决问题的不同办法。

第六章
野蛮生长，把困局留给对手

亚马逊协助其他公司发展，孵化了一年数十亿美元的产业，这就是联合营销。这种做法能够让我们迅速超越对手，我给它的定义是"扩张优先"。这能保证亚马逊进入更多领域，并参与树立新品牌的角逐。这意味着亚马逊的每位员工都必须加倍努力，没有任何公休日可言，包括周末。

成为电商交易最终目的地

随着亚马逊的强大，经销商英格拉姆认识到，将来对他产生最大威胁的不是独立书店，而是刚刚崛起的亚马逊。

英格拉姆觉得网络书店是亚马逊成功的关键，为此他派专人在网上开了几家在线书店与亚马逊竞争。不过结果显然易见，英格拉姆身上没有任何互联网的基因。不是什么人都会像亚马逊一样注重体验，也不是所有人都能够成功地在网上把书卖出去。英格拉姆的在线书店开张之后基本上没有什么订单，因为所有的在线客户都已经习惯了在亚马逊购书。

英格拉姆也曾经考虑停止给亚马逊供应图书。但是随着亚马逊的强大，它正在越来越多地与出版社接触，从那里直接订书。如果英格拉姆想要通过不给亚马逊供货打击它，可能正中贝佐斯的下怀。而且英格拉姆很大一部分销售收入都来自亚马逊的订单，所以让他做出这个决定实在很难。

不过英格拉姆并没有放弃，他决定另辟蹊径，收购实体书店打造巨大的销售网络。英格拉姆选定的目标是巴诺书店，巴诺书店有 2400 余家实体书店，收购巴诺之后英格拉姆将把新公司打造成全美第一大的图书销售联合体，从而彻底抵制来自亚马逊这个网络书店的冲击。

不过英格拉姆和巴诺没有想到，对于两家公司的合并反对者不是亚马逊，而是那些独立书店。他们认为英格拉姆和巴诺的合并将直接冲击零售市场，至于亚马逊的威胁对他们来说则还很遥远。当独立书店反对的声音足够大的时候，联邦贸易委员会出来对两家书店说，如果他们合并，将提出反垄断诉讼。最终，合并不了了之。

其实也不怪两家书店大惊小怪，当时的亚马逊不仅仅可能威胁实体书店的命运，而是开始真正成为实体书店最强有力的竞争者。

1998 年，亚马逊的市值达到 60 亿美元，客户超过了 400 万。它的市值超过了巴诺、博德斯和所有独立书店的总和。试想每天要和这么一个强大的对手作战，他们又怎能不紧张呢？

这次来自经销商的自我防卫式的行为，让贝佐斯彻底意识到了建立自己的仓库的重要性。即使不考虑经销商的利益之争，光是经销商的不专业造成的配送错误、时间延后等等，都将影响到亚马逊的客户体验。所以贝佐斯决定让所有的图书都从自己的仓库里送出，虽然他需要花费大量的费用去做基础设计的建设。

当然这一次的事件也真正刺激到了巴诺和博德斯这样的实体书店。在那之后，他们都认识到了互联网的重要性和电子商务的巨大市场，纷纷开设了自己的网上书店。

但是事与愿违，因为亚马逊是第一个吃螃蟹的人，而且大部分顾客都已经把亚马逊和电子商务等同了起来，后来者根本无法撼动亚马逊在网络书店领域的统治地位。

这个时候德国出版巨头贝塔斯曼集团向亚马逊伸出了橄榄枝，希望在欧洲建立一家合资公司。通过这个协议，亚马逊可以以更好的条件接触到贝塔斯曼所有的图书，包括兰登书屋这样的品牌书店的所有图书。而且贝塔斯马和美国在线有一家欧洲的合资公司，也就是说电视广告的成本将大幅降低。这对贝佐斯进入欧洲市场来说是十分具有吸引力的一个条件。

但是贝佐斯拒绝了，他甚至没有公开说明原因。但是贝塔斯曼方面透漏出的消息却认为，对于与贝塔斯曼这样的集团合作，贝佐斯没有多少信心，他不想因为合作而失去控制权。

贝佐斯拒绝了贝塔斯曼的好意，但是贝塔斯曼却不打算放弃电子商务的市场。他们收购了刚刚成立不久的巴诺书店旗下的网站 Barnesandnoble.com，并且任命曾经担任过时代华纳英国办事处主管的乔纳森·贝尔克利来掌管新的公司。

虽然贝塔斯曼的书库中有 450 万种图书，而亚马逊只有 300 万种，但是事实证明，想要通过网络书店同亚马逊竞争，简直是痴人说梦。

贝塔斯曼收购 Barnesandnoble.com 的前 6 个月里，总共销售了价值 2200 万美元的图书，而同期亚马逊的销售额是 22000 万，是它的整整 10 倍。

贝尔克利为了能够超过亚马逊使尽了所有的手段，到了 1999 年第四季度，Barnesandnoble.com 的图书销售收入达到了 8150 万，比起刚开始，它的增长率已经非常快了。但是问题是，亚马逊的增长势头势不可挡，其同期的销售收入是 2.5 亿美元。

贝尔克利最终选择了在 2000 年初辞职，此时他只希望股东们能够忘记自己上任之时许下的一年内超过亚马逊的豪言壮语。事实也证明，很难有一家线上书店可以与现在的亚马逊竞争。

不过对于巴诺书店来说，虽然无法超过亚马逊，但是他们至少走出了艰难的一步。之后十年里，因为以亚马逊为主的网络书店的冲击，巴诺的门店从 2400 多家降至 800 家以下，而且巴诺还计划继续关闭至少三分之一的书店。

如果没有网站的支撑，巴诺很可能成为第一个倒下的美国大型连锁书店。

在美国排名第二的书店博德斯则没有那么幸运，他们同样在不断关闭店铺，艰难地生存。但是到了 2011 年，博德斯还是没有熬过经济危机，申请破产保护。

虽然亚马逊没有直接击垮巴诺和博德斯这样的书店连锁企业，但是从某种意义上来说，正是因为亚马逊的崛起，带动了电子商务的蓬勃发展，从而造成实体书店的难以为继，亚马逊成了实体书店的终结者。

【贝佐斯说】

我们公司的战略是成为电子商务交易的最终目的地。在亚马逊，你能买到全世界的商品。很多人视我为敌人，但我们并没有打压竞争者，我们只是提供了一种选择，这是对顾客基本的尊重。

我们要善于用清醒的头脑来分析别人的长处和自己的短处。亚马逊是奔涌向前的河流，没有泡沫，没有神话，它只是做了它能做的一切。

收购：优势互补，挑战旧有方式

1998 年，亚马逊收购了一个叫作"互联网电影数据库"（IMDb）的网站。这个总部设在伦敦的网站，主要功能是让影迷们在网上对电影发表评论，分享电影信息以及片花等内容。它更像 BBS 之类的论坛版块，运营这么一家网站看起来根本不可能挣钱，事实也的确如此，从它推出之后到被亚马逊收购之前，它一直靠捐款维持经营。

贝佐斯亲自坐飞机到伦敦，和 IMDb 团队的所有人聊了一整天，不久之后又邀请他们到西雅图亚马逊的总部来参观。然后贝佐斯提出了自己的条件，他将为 IMDb 投资，而且要成为第一大股东。但是他保证 IMDb 坚持原来的运营模式，即仍然是免费和独立的，但它将成为亚马逊集团的一个分支机构。

如果是别人收购，IMDb 很可能成为一个鸡肋，但是贝佐斯在收购之前早有了充分的打算。网站是免费的，这没有错，但是他要求 IMDb 接受广告许可协议。贝佐斯要求 IMDb 每一个讨论影片的页面上，都会有一个亚马逊的广告链接，告诉客户在哪里可以买到他们正在讨论的影片的 DVD。这个想法听起来棒极了，事实也证明，就在亚马逊收购 IMDb 仅仅 55 天之后，亚马逊从零开始一跃成为最大的视频产品互联网零售商。

在这次成功的收购之后，亚马逊开始不断收购其他互联网公司。就像当初成立公司时选择成熟的软件而不是每一个程序都自己编写一样，贝佐斯从收购中发现了全新的发展机会。亚马逊作为资本市场的宠儿，每年有大量的资金注入，如果拿这些钱收购那些有发展潜力、又和亚马逊的发展能够互补的公司，无疑将对亚马逊的发展起到事半功倍的效果。

这里面就包括 1998 年 7 月收购一家销售网上地址簿和日历系统的 PlanetAll。

日历系统可以通过电子邮件的形式提醒客户备忘的信息。这个服务虽然小巧简单，但是十分实用。今天在我们看来，日历系统十分的小儿科，但在当时却是了不起的发明。

贝佐斯在判断什么产品能够获得客户的认可方面非常有眼光，几乎是一看到 PlanetAll 的时候就决定收购它了。收购之后的第一件事情是把这个网站放在亚马逊的内部试用。这个时候亚马逊有差不多 1600 名员工，管理上的任何事情都不是小事。当然，没有人会为了吃猪肉就去买一只猪，贝佐斯收购 PlanetAll 主要是看重了该团队的研发潜力。

同年亚马逊还收购了一家比较购物网站 Junglee。什么是比较购物呢？就是当你搜索一个产品的时候，Junglee 会搜索出其他所有销售这个产品的网站，并且把它们的价格都列出来，供客户去比较。

这听上去是个绝妙的主意，不是吗？后来在中国崛起的淘宝网旗下的一淘就具备这样的功能，只不过 Junglee 比它早了

12 年。

顾客不用费劲地去寻找不同的网站来比较哪个更优惠，只要通过 Junglee 网站轻松点击就能实现。Junglee 的团队对于自己能够做出这样一个网站非常的满意，但是问题是他们没有找到盈利模式，不知道怎么挣钱，该向网站收费还是向客户收费，这是一个难以解决的问题。

贝佐斯之所以选择收购 Junglee，有着更加长远的考虑。

亚马逊不怕和别的网站比价格，如果其他网站的价格合适，亚马逊并不是非要让客户买自己的商品。这句话是不是听起来有些不合逻辑？是的，这正是贝佐斯所考虑的问题。

亚马逊不一定要让客户通过买自己网站的产品获利，他完全可以让别人通过亚马逊的平台把东西卖出去，亚马逊只要收取一定的手续费就行。这个想法后来被贝佐斯命名为"亚马逊市场"项目。不过必须得承认，没有 Junglee，就不可能得到消费者的信任，没有信任也不可能在后来有那么多的产品通过"亚马逊市场"销售并获得了成功。

告别了 1998 年，进入 1999 年，这一年互联网的发展如火如荼，亚马逊在一年里一共收购或投资了 14 家公司。这其中包括 e-Niche（一家以销售音像制品为主的网站）和 MusicFind，贝佐斯的用意是为了扩大 CD 的销售，这无疑是对除了图书之外的第二大主要产品阵地的巩固。他可不想在外开疆拓土的时候被人釜底抽薪。

之后贝佐斯又接连收购了专卖珍本书的 Bibliofind 和零售网站 Accept.com 等。当然其中最值得称道的是一家与 Junglee 网站异曲同工的 Alexa 互联网公司。Alexa 可以追踪人们访问的网站，并且根据他们的浏览习惯推荐他们可能感兴趣的网站。贝佐斯收购了 Alexa 之后，让技术人员把 zBubbles（"亚马逊泡泡"，一个具有评论功能的应用）放到了 Alexa 的数据库中，这样只要人们登陆网站对产品发表评论，Alexa 就会自动向他们推荐同类的商品——当然这其中包括亚马逊的商品。

2003 年，亚马逊收购了美国网络音乐零售商 CD Now。这次收购之后亚马逊再一次巩固了在 CD 销售领域的领导地位。到目前为止，无论是图书还是 CD 的销售在美国都很难找到竞争对手了。

从那之后，亚马逊开始全面布局新产品的销售网络。2006 年，亚马逊收购专营女性服装和饰品的网络零售商 Shopbop。2007 年，亚马逊收购了美国网络鞋店 Endless.com 和网络服装店 Fabric. com。

2008 年，亚马逊收购了网络有声图书提供商 Audible.com 和图书销售商 AbeBooks。此外，还收购了美国图书爱好者社交网站 Shelfairi，在这同时也增持了 Shelfairi 的竞争对手 LibraryThing 的股份，再加上 AbeBooks 持有 LibraryThing40% 的股份，且拥有 Bookfinder.com、Gojaba.com 和 Fillz 等网站，这样亚马逊通过收购 AbeBooks，将这些网站全部收为己有。

亚马逊因为在资本市场受到青睐，总是不缺资金。而那些在亚马逊发展道路上的竞争者以及潜在的威胁者，贝佐斯总是在第一时间将其收购，有些整合到"亚马逊市场"之中，有些则将其功能移植到亚马逊的网站之上，而被收购的员工则成为亚马逊最新的研发和技术团队中的一员。但是也有例外，2009 年，亚马逊收购了 Zappos 网站，就采取了让网站仍然独立运营，保持Zappos 自身文化特点的方案。

Zappos 成立于 1999 年，原来的名字是 ShoeSite.com，以销售很难淘到的鞋而著称。后来慢慢扩展到其他行业，首先是手包、皮包，然后是衣服、太阳镜、电子设备还有 DVD。这让它看起来完全有机会能与亚马逊竞争。2005 年，它的销售额是 3.7 亿美元；到了 2008 年，达到 10 亿美元。

Zappos 最令人称道的是它的企业文化，这也是它能够成功的秘诀。Zappos 注重良好的客户服务和特别的员工待遇，它免费给顾客递送产品，如果客户不满意决定退货，他们还支付往回邮寄的邮资；产品退货的有效期限是一年，客服中心的电话一天 24小时开放，随时解决顾客问题；员工是公司的财富，员工健康护理的费用，公司全额支付。

正是因为他们关注客户，所以深深地吸引了贝佐斯。2005 年，贝佐斯亲自飞往内华达州亨德森的 Zappos 总部去找 CEO 托尼·谢川谈收购的事情，结果被拒绝了。

四年之后，Zappos 虽然已经开始盈利了，但是外部经济环境却不容乐观。这时贝佐斯再次提出收购 Zappos 的想法。这次轮到谢川去西雅图和贝佐斯讨论企业文化了，包括谢川的哲学"幸福的科学——以及如何利用这种哲学更好地服务于客户和员工"。

讨论中谢川发现，贝佐斯和他一样是那种执着于客户而不是短期利润的人，这促使谢川开始正式考虑收购的事情。2009 年11 月，贝佐斯用市值 12 亿美元的亚马逊股票收购了 Zappos，同时签署了一份文件，"正式承认 Zappos 文化的独特性以及亚马逊保护它的义务"。

收购之后谢川依旧把 Zappos 当成一个独立的分支机构来运营，一年后，Zappos 的收入同比增长了 50%。

【贝佐斯说】

我们有幸能和众多优秀的人才一起工作，他们不仅有耐心、敢创新，而且和亚马逊一样，始终以客户为中心。我们优势互补，不断挑战旧有的方式，并从中获得乐趣。我们所做的一切，是在为未来奋斗。

扩张：为了更便捷的服务

亚马逊的海外扩展开始于 1998 年。当时亚马逊上市融到了足够的资金，而且作为一家上市公司，不论是从内部管理还是公司组织架构的成熟，都具备了到海外开辟新公司的条件。

至于目标，贝佐斯首先选择的是英国和德国。英国和美国在文化和经济上的趋同性都非常高，选择英国，是美国公司海外扩张的首选。

选择德国同样没有什么意外，它是世界第三大经济体，欧洲经济最发达的国家，同时还有一个原因，就是德国拥有出版业巨头贝塔斯曼集团。贝塔斯曼旗下的兰登书屋是全世界最大的大众图书出版集团，每年出版新书 1.1 万种，销售 5 亿多册图书。

亚马逊虽然一直号称自己是全世界最大的书店，但是不论是从库存图书的种类还是每年的销量来说，和贝塔斯曼相比都还有一定的距离。在贝塔斯曼的家门口开设在线图书销售网站，实在有些班门弄斧。贝塔斯曼书友会在德国有大量的会员，他们早已经习惯了收到新书快讯，然后选择自己喜欢的图书，打电话预约购买，快递送货上门这样的方式。现在突然冒出一家美国网站来说，"看吧，德国的读者们，我们带来了网上购买图书的全新体验"，你觉得会有多少人喜欢？

但是这也是贝佐斯的执着和眼光独到之处，他认为，越是在看起来好像没有机会的地方，越是有机会在等着他们。

兰登书屋也好，贝塔斯曼书友会也好，那都是过去时了。过去的读者可能喜欢实体店，喜欢那样的方式，但是现在不同了。现在的年轻人都是玩着电脑长大的，他们更喜欢在网上冲浪，在网上购物，所以这就是亚马逊在德国的机会。

对于亚马逊的到来，贝塔斯曼表现得很积极，提出希望和亚马逊成立合资公司。贝佐斯因为考虑到经营的独立性，拒绝了贝塔斯曼的首席执行官托马斯·米德尔霍夫的好意。

米德尔霍夫被拒绝之后恼羞成怒，决定收购亚马逊在美国的竞争对手巴诺书店旗下的网站，把竞争的战火烧到了亚马逊的大本营。然而巴诺毕竟不是亚马逊，美国市场上亚马逊依然一枝独秀，而在德国市场亚马逊也慢慢站住了脚跟。

亚马逊进入中国是在 2004 年。2004 年，贝佐斯有意在中国开疆拓土。他派了投资经理来中国寻找合适的网站洽谈合作，他们选定的第一个目标是当时国内最大的图书网上销售平台——当当网。

当当网的创始人李国庆和俞渝毫不掩饰他们从亚马逊的商业模式中获取了灵感，然后才创建了当当网。他们在网站设计、销售模式等方面大量模仿亚马逊，说当当网是模仿亚马逊最成功的网站，在当时来看毫不为过。而且俞渝在纽约大学读的 MBA，又在华尔街的金融公司做过融资，她的华尔街背景也更容易赢得亚马逊的好感。

亚马逊的投资经理一开始找到李国庆和俞渝的时候，甚至认为只要亚马逊开出条件，当当立马就会同意。因为在他们看来，亚马逊已经是全世界最大的电子商务网站，没有人能够阻挡亚马逊的收购。但是事情出乎意料，当当的李国庆拒绝了亚马逊的提议。

在李国庆看来，当当是全世界最大的中文图书销售平台，和英文图书并不形成直接的竞争，也不用担心亚马逊的扩张影响。另一方，亚马逊固然在美国以及世界上其他许多地方获得了成功，但是并不代表在中国也一定会成功，毕竟一个市场有一个市场的特点，亚马逊这个老兵在中国的战场上未必能够得心应手。

就在亚马逊的投资经理一脸沮丧之际，中国的另一家电子商务网站却暧昧地表达出想要融资的意愿。亚马逊的投资经理喜不胜收，认为这是上苍在眷顾他。

卓越网于 2000 年 5 月上线，是金山软件旗下的电子商务网站。卓越网的创始人分别是有"中国的乔布斯"之称的雷军，后来创办了凡客的陈年，以及后来成为敦煌网 CEO 的王树彤。正是这三个传奇人物，让卓越网在短短两三年时间内异军突起，在 2003 年的时候销售额甚至超过了当当网。

但是，就是这么一家业绩出色的公司却逃不脱烧钱和被卖掉的命运。当时卓越最大的股东是金山背后的联想投资，公司出于经济回报的考虑以及避免今后的投资风险决定出售卓越网。

经过几轮谈判之后，双方最终达成合作意向：亚马逊出资 7500 万美元购买卓越网全部的股份，卓越网成为亚马逊的全资子公司。按照亚马逊的全球战略方案，经过一番改造之后，2007 年，卓越网改名为"卓越亚马逊";到了2011年,"卓越亚马逊"更名为"亚马逊中国"。

亚马逊在中国的收购扩张之路,是亚马逊无数海外并购扩张之路的一个缩影。截止到2014年,亚马逊分别在英国、德国、法国、意大利、西班牙、加拿大、巴西、日本、中国等国家建立了本土化的网站,并且在欧洲、美洲、亚洲、非洲都设有专门的办公室、仓库、订单履行中心、软件开发中心等配套设施。到目前为止,亚马逊仍然是世界上独一无二位的、同时也是最大的电子商务网站。

【贝佐斯说】

媒体终日在讨论,亚马逊是一家零售公司,还是一家技术公司,或者是一家数据公司。亚马逊是什么样的公司一点都不重要,重要的是它为顾客做了什么。

我们在世界各地的举措,是为了寻找互联网时代新的价值,其根本目的,也是为了让我们的顾客享受到最便捷的服务。这需要我们在很多决策上有远见卓识。

第七章
没有神奇妙方，关键要抢在别人前面

亚马逊不仅仅是一家电商，是的，亚马逊还是电子书和云计算的领跑者。我们在这些领域都做了一些实实在在的事情，这比华尔街那些家伙好多了。探索新世界是保留旧世界的一种方式，事实也本该这样。我们需要先锋。

利用新机会创造新的利润点

2000 年，互联网寒冬侵袭，就在亚马逊的经营状况最不理想的时候，几个工程师通过内部的修修补补居然给网站带来了新的商机。

亚马逊的一些工程师想出了一个主意，如果合作伙伴将买家推荐给亚马逊，那么他们就能获得额外的奖励——亚马逊为他们提供亚马逊开发的丰富的数据和零售软件，方便他们提供给顾客使用。

高级技术经理罗伯特·弗雷德里克是这个项目的主要开发人，正是他和他的同伴想出了这个看起来不错的主意。他们开发了一款软件，把亚马逊的分析数据调出来，改变格式之后，显示在小屏幕的手机上，这样人们就可以在移动设备上浏览亚马逊的网站了。

贝佐斯让费雷德里克把这些数据也提供给合作伙伴。佛雷德里克将含有商品信息的数据库从公司运行的软件以及储存密码和信用卡信息的数据库中分离出来，这样就不用担心敏感信息被泄露了。

当费雷德里克将这个程序提供给合作伙伴的时候，亚马逊的

高管们突然有了一个意外的发现——就是通过把自身数据向外部
程序员开放，亚马逊突然多了许多免费帮助他们开发数据的程
序员。

后来贝佐斯把这项开放平台的工作称作亚马逊"网络服务"，
它于 2002 年 7 月正式推出。"我们的工作就是给程序员抛砖引
玉，"贝佐斯宣布，"对我们来说，这是一个重要的开始，一个新
的方向。"那些在亚马逊开店的企业会让自己的程序员设计出能
将新买家送到亚马逊并帮助他们找到并购买产品的软件或者
网站。

举个例子，一个前亚马逊的程序员开发了一个网站，被戏称
为"亚马逊之光"。这个网站有一个可以在亚马逊网站搜索到其
他所有在售产品的搜索栏。它增加了一个功能，就是当你搜索一
张 DVD 的时候，那个网站会告诉你亚马逊的竞争对手 Netflix 有
没有那张 DVD 出租。如果你找一张 CD，网站会告诉你苹果的
iTunes 店是不是也有。

有谁会喜欢这样的功能呢？给人们提供可以取代自己的产品
的其他选择？不过不用担心，亚马逊恰恰会接受这项服务。因为
如果你在别的网站购买产品，实际上是从亚马逊的平台完成购买
的，那么亚马逊可以为此收取一定比例的交易费。如果别的网站
推荐过来的顾客在亚马逊完成了交易，那么亚马逊会给合作伙伴
每笔交易额的 15% 的中介费。所以在这样的交易中，没有输家。

"网络服务"推出大概两年之后，亚马逊有号称 6.5 万程序员
使用了这个程序，每天平均给亚马逊的网站发送 1000 万个问题。
这意味着每天会有很多新的客户进来，完成很多新的交易。

这个时候，亚马逊的云计算又向前迈进了一步。当然这也是因为一个意外。俄勒冈州的 Monsoon of Porland 利用这项服务向外界提供了一种软件，其他公司可以将其连接到亚马逊的软件上来简化自己的库存管理。

贝佐斯和他的工程师们发现这个软件开放给外部工程师原来还可以做这方面的工作，他们受到了启发，决定把"网络服务"继续扩大。这样它可以经由自己的计算机和网络将内容分配给其他公司，贝佐斯给它起名为 EC2（弹性计算云），这样很多企业可以从亚马逊随时租到他们所需的计算能力。

客户打开和关上"托管服务器"只需要几分钟，却能够获得大块的计算能力。流量按小时购买，这样他们就不用购买计算机来运行自己的项目了。而且亚马逊还负责类似定制化的服务项目，比如帮助其他公司设计内部沟通的计算网络，或者帮助他们搭建处理零售商计费和货物运输的网络系统。

实际上网络服务的增长是惊人的。2010 年，亚马逊的网络服务给公司带来了 5 亿美元的收入。虽然网络服务占亚马逊总收入的比例不到全部销售的 2%，但是，这项业务的利润空间是 23%。

2010 年，贝佐斯在亚马逊股东大会上大谈特谈云计算，他认为："云计算有潜力发展到和我们的零售业务一样大。亚马逊已经比行业里大部分竞争对手都做得更好了。云计算是一个很大的领域，从我们的观点看，它的效率是非常低的。任何时候，一些大的事在效率低下时都会创造出机会。"

就在股东大会之后，贝佐斯引进了"现货业务"，即将闲置的计算机能力以低于正常零售价的价格向其他公司拍卖。为了增加"云服务"的销售额，贝佐斯还决定将计算能力租给个人，尽管目前个人有这方面需求的只是少数。

2011年3月，亚马逊宣布了"云动力"计划，允许人们通过互联网在亚马逊的计算机上存储数字文件。服务一经推出，客户便纷至沓来，客户存储最多的是音乐和影视作品，这下便对苹果iTunes产生了挑战。

当时苹果和谷歌都在等着唱片公司决定是否给他们网上分流音乐的许可证，但是贝佐斯却抓住了这个机会，先推出服务，再向唱片公司取得许可证。亚马逊将音乐存储在网上，人们可以通过任何设备来获取，亚马逊每年对20G内存存取收取20美元的费用。为了使服务尽快得到推广，亚马逊提供了免费的5G内存；如果客户从亚马逊网站购买了一张音乐专辑的话，就可以免费使用20G内存一年。

"云动力"计划第一次把亚马逊"云服务"的对象从企业变成了个人消费者，这更像是一个新的零售模式，而且没有销售淡季和旺季之分，一旦使用者达到一定的基数，就会带来稳定的收入。

贝佐斯和他的亚马逊在利用新机会创造新的利润增长点方面，显然是大无畏的。没有什么陈规可以阻拦亚马逊在服务创新上的脚步。

【贝佐斯说】

亚马逊网络服务的价值不可否认，我们可以在20秒内将服务器容量提升一倍。在跟我们一样高速增长的环境里，团队又小

的情况下，有一点非常重要，就是我们要相信，我们为全世界需
要这项服务的人提供了最棒的支持。现在，由于亚马逊持续的创
新，我们可以提供最好的技术并能持续发展。

让更多的人借助你的平台成功

2002 年亚马逊开始推出"网络服务"，经过几年的市场磨合，2006 年亚马逊成立了网络服务部门。这个部门专为各类企业提供云计算基础架构网络服务平台，用户（包括软件开发者与企业）可以通过亚马逊网络服务获得存储、带宽、CPU 资源，同时还能获得其他 IT 服务，如亚马逊私有云（VPC）等。2010 年，亚马逊提供的云服务形成了一个完整的平台，它被命名为 AWS（Amazon Web Services）。

亚马逊多年来一直在构建和调整这个稳健的计算平台，现在任何能够访问互联网的人都可以使用它。通过在亚马逊提供的可靠且经济有效的服务上构建功能，可以实现复杂的企业应用程序。

这些 Web 服务本身驻留在用户的云中，具备极高的稳定性。更为重要的是，这项服务只需根据使用的资源付费，不需要提前付费，而且硬件由亚马逊维护和提供服务，所以用户也不需要承担维护费用。

亚马逊推出 AWS 已经多年，不仅让亚马逊成为云计算领域的先驱，更让这家公司赚得盆满钵满。

2010 年 AWS 收入 5 亿美元，2011 年增长了 50% 达到 7.5 亿美元，2015 年第一季度营业收入为 15.7 亿美元，这意味着全年的收入应该至少会达到 62.6 亿美元，而分析师预估则在 60 亿美元到 90 亿美元。

亚马逊云服务 AWS 最大的贡献在于它大大降低了当今 Web 环境中的"贫富差异"，用户可以在几分钟内快速地获得一个基础设施，如果在真实的 IT 工作室中则可能会花费几周时间。关键在于这个基础设施是弹性的，可以根据用户需求扩展和收缩，世界各地的公司都可以使用这个弹性的计算基础设施以满足他们的需求。

【贝佐斯说】

发明有不同方式、不同规模，最根本、最具变革性的发明通常都能推动他人释放自己的创造力，追求自己的梦想。我们正在创造更强大的自我服务平台，让成千上万的人大胆尝试。这些具有创新意义的大规模平台不是零和，他们创造的是双赢。

为未来而创造

2003 年，苹果公司的史蒂夫·乔布斯开创了划时代意义的 iTunes 商店，想要听什么歌曲，只需要通过 Ipod 在 iTunes 商店下载，传统音乐的载体 CD 变得无足轻重。

这个看似小小的变革是对传统音乐销售模式的颠覆。那么会不会有一个新的载体出现，从而彻底改变图书的销售方式？答案是肯定的——那就是电子书。

电子书的出现要追溯到 1971 年，伊利诺伊大学厄巴纳 - 香槟分校的一个学生迈克尔·哈特就已经开始了古腾堡项目——公共领域的数字化图书。古腾堡项目的档案库里现在大约有 3.5 万册图书。

20 世纪 90 年代，各个公司都开始认真研发电子书阅读的设备。这里面比较著名的有 1993 年数字化图书公司销售的含有 50 本数字化图书的软盘。不久之后被冠以各种 Book 名字的阅读设备如雨后春笋般地被生产出来。像 Cybook、Rocketbook、softbook 等等，他们大多数售价在 300 美元至 500 美元，不过由于没有什么新意，在短暂的时间里陆续被市场淘汰。真正让人觉得印象深刻的是一款叫作 Everybook 的电子书，它有两个一模一样的彩色阅读屏，打开之后像一本真正的书。

不过以上所有的产品最终都没有获得市场的认可，一个个烟消云散。2004 年，就在苹果 iTunes 商店上线一年之后，贝佐斯让亚马逊的一个高管找到格雷格·泽哈来开发一款全新的产品。

泽哈曾经在苹果公司做过硬件工程师；后来在研发了"个人数字助理"的奔迈公司做硬件研发。

泽哈对亚马逊找到他觉得很奇怪，因为在他看来亚马逊是一家电子商务网站，和硬件根本搭不上边。但是那位高管告诉他，是贝佐斯选中他，希望泽哈能为亚马逊开发一款全新的电子阅读器。

泽哈听罢有些疑惑，反问道："我不知道贝佐斯是如何知道我的，但是我为什么要放弃现在的工作而去给一个并不了解的公司开发新的电子阅读器？"

那位高管把贝佐斯的话转告泽哈："为了改变世界。"

究竟什么样的产品才能真正改变世界呢？没有人知道。但是泽哈知道他至少要做出一个"前所未有的高度集成的电子阅读器"。

为了研发这款新产品，贝佐斯成立了一个名叫"实验室 126"的工作室，任命泽哈为主管，全权负责产品的研发工作。泽哈为了达成贝佐斯所愿，从苹果公司和奔迈公司挖走了一些专业的程序员。

电子阅读器的研发工作在保密中有序地进行。怎样能让产品符合消费者的阅读习惯，并且方便任何年龄段的消费者操作，是这款产品所要解决的首要问题。

之前的电子阅读器遇到的最大的问题，是人们抱怨在计算机屏幕上长时间阅读会让眼睛感到疲劳，所以实验室 126 首先要解决的是这一问题。经过长时间的考虑和衡量之后，泽哈决定采用"电子纸"和"电子墨水"的技术，从而使这款产品看起来像一本真正的书。

这两项技术早在 20 世纪 70 年代就被施乐公司在帕洛阿尔托的研发中心开发出来。后来麻省理工学院媒体实验室改进了这一技术，并且把技术转让给了一家叫作电子墨水的公司。

新技术的突破在于通过数百万个微型胶囊来实现显示，每个胶囊里面含有一个带正电荷的白色粒子和一个带负电荷的黑色粒子。通过在屏幕的上方或下方通电，让带电粒子移动，从而造成白底黑字的感觉。而且粒子不像被刷新的电极那样需要跳动，一旦页面形成，粒子就不需要更多电力，节省了电池的寿命，也不会闪屏。唯一的问题就是翻页时比较损耗电量。

索尼的产品使用的就是电子墨水公司的技术，但是他们在屏幕处理方面做得并不好。当一页内容刷新而生成另一页内容的时候，会产生闪屏现象。

实验室 126 就这一问题专门在电子墨水公司的基础之上进行改进。经过长期的实验，他们终于使电子阅读器的翻书过程看起来和看一本真正的书一样。

贝佐斯知道，研制出一个好产品需要足够的时间，所以他从来不催泽哈，也不问进度，只是适时地给予泽哈所需要的一切帮助。

当然，实验室 126 的创立不可能瞒过所有的竞争对手，2006

年时就有 IT 爱好者判断亚马逊在开发与苹果 Ipod 竞争的一款产品。但是实验室 126 既不回应，也没有人员露面。

泽哈尽可能地利用每一分、每一秒去完成新的电子阅读器的开发工作。虽然贝佐斯没有催他，但是他给自己限定一个开发的期限，那就是 3 年的时间。因为根据市场的需求，如果一个产品开发得太久，难免错过市场机会或者被别人捷足先登。

事实上也是如此，就在实验室 126 研发的过程中，市场上先后出现了微软的阅读器软件，兰登书屋的数字化图书计划，索尼公司的第一本电子书等等。

好在亚马逊是幸运的，之前各大公司的尝试似乎都没有获得客户的认可，销售的成绩也不理想。

经过三年多的努力，实验室 126 的伟大发明——Kindle 电子阅读器终于研制成功。等待它的究竟是市场的认可，还是像之前所有的产品一样昙花一现，一切拭目以待。

【贝佐斯说】

我很荣幸，能与一支善于创造的团队一起共事。他们在为消费者而不断地创新——或大或小——每天都在发生。这种遍及整个公司的创新——不仅限于公司高层——是实现稳健、高产的唯一方式。我们的工作富有挑战性而且充满乐趣，我们需要为未来工作。

"得用户者得天下"

2007 年 11 月 19 日，贝佐斯在曼哈顿联合酒店举办了 Kindle 的首发仪式。第一代 Kindle 售价 399 美元。

贝佐斯演示了这个只比手掌略大的阅读设备的主要功用。其中最新吸引人的是 Kindle 安装了无线上网卡，可以不通过电脑直接连接到亚马逊书店。用户不管是通过 3G 网络还是 Wifi 下载一本电子书的时间只需要几秒钟。而且在阅读的过程中，只要简单点击一下屏幕上的书名，电子书就会翻到上次读到的最后一页，不管是下载还是使用都非常方便。

现在亚马逊的商店里面提供了超过 9 万本电子书可以供读者选择。用 Kindle 购买亚马逊的电子书，每本书只需要花费 9.99 美元。Kindle 在不扩展储存设备的情况下，最多可以一次性储存 200 本图书。

在销售策略上，贝佐斯耍了一个小花招，就像当年乔布斯发布苹果时所做的那样。他宣布第一批 Kindle 会在 5 个半小时内销售一空，但是却没有公布有多少台可供销售。而在首发仪式之后想要购买 Kindle 的人必须要提前几个月订货。

事实证明"饥饿营销"的策略用得不错，而且 Kindle 的性能显然得到了大多数消费者的认可。到 2008 年 7 月，在短短 8 个月时间里，亚马逊一共销售出 24 万台 Kindle。

当然 Kindle 并不是没有竞争对手，除了 Kindle 作为专业的电子书阅读器之外，苹果的 iPad，还有许多其他平板电脑包括手机等，都可以用来阅读电子书。不过亚马逊的确抢占了电子书阅读器市场的先机。

根据 ChangeWave 研究公司的统计，到 2011 年为止，Kindle 占据电子阅读器市场 47% 的份额，苹果的 iPad 占 32% 的份额，索尼的阅读器和巴诺的 Nook 阅读器分别占 5% 和 4% 的市场份额，剩下的是一些其他品牌的产品在竞争。

对于 Kindle 的销售，贝佐斯一直信心满满，他总是对外说"Kindle 是亚马逊卖得最好的产品"。但是需要注意的是，从长远来看，Kindle 只是一个载体，电子书才是人们会经常消费的内容，所以电子书市场的争夺，才是百年大计。

在 Kindle 之前，出版商对电子书并不积极，他们会反问贝佐斯这样的改革者，"人们真的需要电子书吗"？但是现在不同了，出版商开始担心"人们是否还想读纸质书"。

因为 Kindle 的出现，贝佐斯一手颠覆了出版行业。到了 2010 年 12 月的时候，一些大的出版社里电子书的收入贡献占到了 10%。考虑到电子书的价格通常是纸质书的一半，那么电子书的销量差不多占到全部图书的 20% 左右，可见其增长迅猛。

贝佐斯对电子书的销售可以说是不遗余力。为了让广大读者认可电子书，亚马逊将大部分降价电子书保持在 9.99 美元一本。亚马逊每销售出去一本打折的电子书，差不多要亏损 5 美元左右。贝佐斯之所以这么做，就是希望培育并且垄断电子书销售市场，不让竞争对手在电子书这个全新的领域有机会超过自己。

当然贝佐斯不会一直做赔钱的生意。等到亚马逊每年电子书的销量足够大的时候，他开始和出版商重新谈条件，要求出版商把给亚马逊的电子书结算价调整到 9.99 美元以下。但是出版商却不愿意接受这个条件，他们对电子书的零售价采取了新的价格体系，一般定价 12.99–14.99 美元，出版商自己留 70%，零售商如果想要打折，只能从他自己的 30% 中出。出版商把这种价格体系称为"代理人模式"。

贝佐斯显然不能接受这样的条件，否则之前的降价就成了为别人做嫁衣。这时候麦克米伦出版集团的首席执行官约翰·萨金特飞到西雅图来找亚马逊商谈最新的合作模式，如果亚马逊不接受，那么麦克米伦将终止与亚马逊的合作，亚马逊要从网上删除所有相关书目。

贝佐斯选择了拒绝，在他看来麦克米伦不过是虚张声势。贝佐斯让亚马逊的程序员将网站上所有麦克米伦的书目全部删除，他倒要看看究竟谁能撑得更久。但是事与愿违，市场并不是只有 Kindle 一个电子书阅读器，苹果的乔布斯答应了麦克米伦的条件。要知道 iPad 可不是只靠电子书挣钱，这下贝佐斯开始变得被动起来，他不得不接受麦克米伦的条件

不过贝佐斯可不是会逆来顺受的人，他想出一个釜底抽薪的办法，那就是与作者签约出版电子书，他们的作品直接在 Kindle 之上发布，为此亚马逊向作者支付 70% 的版税，但是作品定价权在亚马逊手里。如果是纸质书，作者的版税通常只有 25%，所以

亚马逊的政策非常有吸引力。当然，作者是否愿意与亚马逊签约，还是和电子书的市场前景以及 Kindle 的用户数量有很大的关系。

就在贝佐斯想方设法与出版商博弈的时候，谷歌的在线书店"谷歌电子书"横空出世，在亚马逊的后方燃起了战火。谷歌允许人们购买和下载电子书到所有适用的设备，从苹果 iPad 到各种手机，但是 Kindle 除外。

当然谷歌和亚马逊并没有什么深仇大恨，只不过作为一个刚进入市场的竞争者，最好的办法就是从亚马逊这样的领导者手中抢占一部分的市场份额。谷歌的办法只有两种结果，要么让亚马逊的 Kindle 一枝独秀，这样谷歌自己的发展空间会受限；要么谷歌倒逼亚马逊将 Kindle 开放给其他的电子书提供商。

虽然"谷歌电子书"要对亚马逊真正形成威胁还需要很长的时间，但是不论是独立书店还是出版商（谷歌接受"代理人模式"）都非常支持并且看好谷歌的模式。特别是独立书商认为，自己还可以像以往一样用卖纸质图书的方法将电子书卖出去。

但是贝佐斯坚信，新的产品只能用新的方式进行销售，电子书最佳的消费模式，一定是 Kindle 所代表的先进方向，用专业的设备做专业的事情是亚马逊认为最佳的电子书消费形式。

正是因为这个原因，贝佐斯放弃了与出版商和"谷歌电子书"之间那场剪不断理还乱的纠葛，转而更加专注于 Kindle 的性能和品质。这其中最关键的就是 Kindle 通过不断改进电子墨水的技术，使其能够通过客户体验，充分满足从普通消费者到高端用户的挑剔需求。

由于来自市场的竞争威胁，贝佐斯将 Kindle 的价格下调，其实在贝佐斯的心里，就是有一天 Kindle 免费也没有关系，因为他真正看中的是 Kindle 背后每年几十亿美元的电子书市场。

换句话说，亚马逊能在电子书的竞争中胜出，Kindle 的使用者数量的增长是前提和保证。"得用户者得天下"，至少在这场电子书之战中亚马逊已经占了优势。

【贝佐斯说】

亚马逊的持续成功并没有什么秘密可言，无非是"致力于基础业务"的发展。亚马逊一直致力于向用户提供最低价、最多的选择。亚马逊将会继续下去。从长期来看，我们将会从中受益。

第八章
你能看到多远，决定你能走多远

　　没有谁会否认，公司在盈利方面承受着压力，但作为这家公司的领导者，我丝毫没有想改变这个状况的念头。比起盈利，现金流才是我们想最大化的东西。因此，公司各项新老业务仍然处于扩张阶段，我们仍然假定这是公司的第一天运营，事实上，我认为我们的手还没有按到起床的闹钟上。

低利润率也是一种盈利模式

相比于微软、苹果、Facebook、谷歌等高科技企业，亚马逊绝对是互联网行业中的低利润率公司，而且是唯一的一个靠低利润率而取得成功的公司。

为什么说亚马逊是低利润率公司呢？其实看看亚马逊销售的商品就可以知道，亚马逊更像一家传统的零售企业，采取的是薄利多销的策略。亚马逊首先销售的第一个产品是图书。图书出版社通常留给零售商的利润空间只有图书价格的30%左右。但是亚马逊一开始就通过打折的方式销售图书，以吸引顾客购买。亚马逊对普通图书至少打9折，对畅销书则大部分打6折，而搞促销活动的时候折扣更低。

出版社给亚马逊的利润空间是30%，但是亚马逊一打9折，就相当于利润空间降到了20%。更何况还有赔本的6折图书，销售这些书亚马逊的利润是负的。就在这样的条件下，亚马逊还要维持网站运营，支付员工工资，做仓储，发物流，还有广告的成本等等，那么经过这一系列运作之后，亚马逊又能剩下多少利润呢？

亚马逊毕竟是经营性企业，不是非营利性组织，如果长期不盈利或者不能达到董事会的目标，那么后面的融资和发展就会受到很大的影响，所以亚马逊必须向董事会证明自己是可以盈利的。

而亚马逊要想盈利，一方面就必须压缩自身的运营成本，向管理要效率；一方面要扩大客户规模，薄利多销，只有量足够大，才能真正实现盈利。

当书籍销售达到一定规模的时候，销售的增长趋缓，这时大量投入和缓慢盈利的矛盾又一次爆发了。贝佐斯要想解决这个困局，就必须拓展销售的产品品种。换句话说，如果亚马逊只卖书的话，早晚是死路一条。这时候拓展到其他产品领域，是比较合适的时机。

后来亚马逊逐步进入音乐 CD 和视频 DVD 的销售领域。销售这些产品的利润率依旧很低，而且亚马逊打折的力度有增无减。贝佐斯知道这仅仅是第二步，这些都不是他的终极目标，只要时机成熟了，他就会继续拓展销售的领域。

产品利润率低，就只能通过大幅增加销量来实现增长，但是增加客户规模不可能是短期行为，这也决定了亚马逊不可能短期见到收益。事实上，从亚马逊成立直到 2001 年第四季度之前，亚马逊一直都是亏损的。

再后来亚马逊进入服装、鞋等产品的销售领域，这些产品的利润率虽然比图书、音像要高，但是也无法立刻改变亚马逊的低利润率局面。而且随着销售产品种类数量的增加，亚马逊在基础建设特别是仓库及配送方面的投入费用越来越大，这种情况下利润率比例更低是难以避免的。

不过贝佐斯似乎一开始就做好了不盈利的准备，这也是当同行、投资人和华尔街一次次对亚马逊产生怀疑的时候，贝佐斯根本不为所动的原因。他知道自己在做什么，也知道什么才是亚马逊的终极目标，别人的看法和评价，他根本不去担心。

2013 年，投资人对高利润的苹果和低利润的亚马逊做出相反的估值，正好说明至少投资人看懂了亚马逊的盈利模式。

2013 年 1 月 24 日，苹果公司宣布 2012 年第四季度是有史以来最赚钱的一个季度，但随后苹果股价暴跌了 12 个百分点；紧接着 2013 年 1 月 29 日，亚马逊公布的 2012 年第四季度财报显示，该公司净利润下滑 45%，但亚马逊股价却在周二的盘后交易中一度上涨了 11% 至 288 美元，触及历史高点。

初看这条新闻，你一定以为华尔街疯了，事实上聪明的投资人更了解哪个企业的发展更有前景。

华尔街的分析师认为，苹果公司虽然是一家高利润率的高科技公司，但是由于其没有形成垄断，所以它会吸引大量的竞争者进入这个领域。苹果公司的现状就是如此，比如像三星已经在手机领域超过了苹果，何况还有大量的安卓产品想进入或是正在进入这个市场。而且苹果作为一家上市公司，因为有盈利的要求，决定了苹果不可能通过降价来占领市场，所以苹果如果没有全新产品推出的话，那么在现有的市场中它所面临的竞争只会越来越激烈，它的利润率也将不断下降。

亚马逊则不同，它处在一个低利润率的行业。不论是花费大量的人力物力建立网上销售的数据库，还是投入大量资金去建仓储和物流，这都不是其他企业能轻易做到的。即使能做到，但是投入这么大，只为了挣每件产品 10% 甚至更低的利润，这是大部分企业都不愿意去做的。所以亚马逊因为其低利润率反倒更容易成为行业的领导者，占据垄断地位而面临较小的竞争。

　　亚马逊在作为零售商的同时也是一个生产商，亚马逊从未放松过科技研发，Kindle 的生产就是一个很好的例子。从 Kindle 电子书阅读器到 Kindle 平板电脑，亚马逊的产品创新并不亚于苹果。加上亚马逊有自己的内容销售平台，所以 Kindle 硬件的售价只有 ipad（高配 829 美元）的 1/4，正因为这个原因，Kindle 的销售增长非常之快，已经成了仅次于 ipad 的排名第二的平板电脑。

　　华尔街正是看到了亚马逊的潜力才对它的股票充满信心。从亚马逊的发展中，我们也不难发现，低利润率并不一定是企业的短板，如果充分占领市场之后，低利润率反倒成了优势。贝佐斯就是靠着低利润率让亚马逊从一个三个人的网站成为市值千亿美元的全世界最大的电子商务公司。

【贝佐斯说】

　　我们非常非常努力地工作，以满足客户对低边际利润商品的需求。虽然利润率低，但我们宁可要大量的客户群，也不愿意只要一小群高利润的客户。

愿意长期投资，就有发明创造

亚马逊创立之初，是从在线销售图书开始的。经过十余年的发展，亚马逊成为当之无愧的世界第一大图书在线零售商。亚马逊的网站显示，它拥有平装书 18671641 种、精装书 7285132 种，Kindle 版电子书 668374 种，有声书 28581 种，还有大量的 HTML 版、PDF 版的图书，至少是全美排名第二的电商网站 eBay 图书拥有量的 2 倍。

很多顾客在购买书籍时，会把亚马逊作为“最后的稻草”——亚马逊上买不到的书就等于真的买不到了。这充分说明亚马逊是图书数量最大、种类最全的网站。

但是亚马逊并不满足于仅仅做最大的图书零售商。当它规模足够大、销量足够多的时候，它自然会反过来与出版社谈条件，要求更大的利润空间，或者要求给予在亚马逊网站促销的图书更多的降价支持。

美国有六大出版商，即使他们联起手来也很难与亚马逊博弈，因为亚马逊支撑了他们一半以上的销量。如果没有亚马逊，那么很可能这些出版社都要倒闭了。

当亚马逊开始推出 Kindle 电子书阅读器，并且希望在电子书销售方面大展拳脚的时候，出版商为了保持自己的利益，提出"代理人模式"，要求电子书的销售和纸质书一样，只给零售商30% 的空间。这样一来，电子书的价格就居高不下，这和贝佐斯构想的 9.99 美元的电子书目标相差甚远。

亚马逊与出版商在这个问题上弄僵了，结果就是对方要求下架所有图书，之后贝佐斯选择妥协。因为市场上不是只有亚马逊一家在卖电子书，后来苹果应用还有谷歌电子书都接受了这种代理商模式，亚马逊成了众矢之的。

贝佐斯可不是习惯束手待毙的人，既然电子书有这么大的市场，他可不愿意把主动权全部交给出版社。既然亚马逊的品牌影响力那么巨大，本身也具备了尝试数字出版的可能性，那么为什么要等到别人成为行业的领导者呢？

2010 年 10 月，亚马逊提出，只要作者愿意在 Kindle 平台上出版作品，那么亚马逊愿意支付 70% 的版税。在传统出版社那里，这个版税的收入通常是 25%。

不过可不是只要你便宜，作者就会买账，毕竟这是一项新的业务，需要一个慢慢培养的过程。

好在亚马逊之前通过低价位的策略，打开了 Kindle 的销量。根据第三方机构 IDC 统计，Kindle 在美国市场上的最高占有率达到了 90%；截至 2011 年 9 月，Kindle 阅读器总共售出了 3240 万台，2012 年全年销量达到 2600 万台。这 5840 万台阅读器就意味着至少 5840 万稳定用户，这 5840 万用户正是亚马逊敢大胆地发展数字出版、和作者谈条件的前提。

而且除了亚马逊自己销售出的 Kindle 之外，苹果 IOS 系统应用中增加了 Kindle 应用,谷歌的安卓系统也把 Kindle 电子书当作是电子书的标准格式之一。所以这些加起来的用户数字可是比 5000 万还要多很多。

有了庞大的用户基数,说别的就比较容易了。

在自助出版过程中,贝佐斯给了作者充分的选择权利。比如定价权,作者可以选择把书的价格定在 0.99 美元—200 美元之间的任何价位。有很多作者愿意把自己的书定价为 0.99 美元以增加销量。

约翰·洛克就是其中之一。在屡次遭到出版商拒绝后,他把自己的书在亚马逊上出版了,结果 5 个月卖了 100 万册,获益颇丰。他的成功充分印证了"海量且低价"原则的有效性。洛克只是个案,但其示范作用是不可低估的。在他的带动下,越来越多的知名作者开始独家签约亚马逊。

亚马逊还给予了作者创作自由权。不是所有的作者都喜欢长篇大论,短小精干的未必不能成为好书。为此亚马逊推出了"短篇"服务,5000 字到 30000 字,长于文章短于书的文字,被亚马逊界定为"短篇",作者可随时自助出版,亚马逊唯一的要求就是定价需在 0.99 美元至 4.99 美元。结果这项服务又获得了消费者的认可,"短篇"迄今为止推出了 160 部作品,但是总销量却超过 200 万册,收入最多的作者赚了 13 万美元。

个人数字出版的办法也很简单,就是任何人只要上传 Word、TXT 或者 HTML 文件,标明作者、编辑、目录等基本信息,就可以在 10 分钟内出版一本电子书。而这些在 Kindle 上出版了书籍的作者通常会和亚马逊签一个排他协议,这样就保证了他的书只在亚马逊的平台上销售，从而丰富了亚马逊的内容资源。

数字出版，改变的不仅仅是介质，而是彻底改变了以前只能由出版社负责审核编辑出版的图书行业惯例。它最大的特点就是把主动权从出版社那里移交到了作者手里。

当然，目前的数字出版形式很难保证出来的都是好书。不过即使由出版社出版也是一样。书籍好不好，读者是否欢迎，最终还要靠销量说话，由市场来评判。

而拥有了数字出版能力的亚马逊已经不仅仅是一家在线零售企业，而逐渐变成为内容生产企业。我们知道零售的利润空间最低，如果能够掌握内容，那么亚马逊的盈利空间首先会得到提升。更主要的是，有了数字出版业务，就有了产品创新的机会，如果不断有好的作品出来，那么亚马逊的数字出版业务将带来更多的利润。

在数字出版方面尝到了甜头的亚马逊，2011 年开始布局传统出版行业。先是 3 月参加了书稿拍卖会，接着 5 月份出版了多部爱情书籍，包括纸质的、电子的；6 月份，亚马逊成立了独立的出版集团。

亚马逊进入传统出版业，估计是两方面考虑。一个是与传统出版社竞标好的资源，另一方面则是通过成立出版社拿到相应资质，减少将来出版过程中遇到的困难。不过这些，都是为了数字出版服务的，毕竟数字出版代表了大方向。亚马逊不小心触碰了蝴蝶的翅膀，一下子改变了整个出版行业的格局。

【贝佐斯说】

我们愿意播种，用 5 到 7 年的时间做一些合理的事。你只有愿意长期地投资，才可能做一些重要的、光明磊落的发明创造。

第九章
同有趣的人，做有智慧的事

　　最重要的是找到理想的员工——即那些总是愿意让事情尽善尽美的员工。这意味着他们不会得过且过，在他们能控制的每一天，都会以最大的能量创造出新的价值。我喜欢和这样的人一起工作，我们总能碰撞出意想不到的好东西，这促进了团队的健康发展。这里面也充满了竞争，但一切都是善意的，我们只想把我们的工作做好。

人才是最大的资产

亚马逊网站正式上线后，缺人成了常态，贝佐斯要雇用大量的新员工，包括软件工程师、客服代表，甚至给图书打包装的人。到 1996 年底，公司的员工就已经达到了 110 名。

外界对亚马逊雇用什么样的人感到好奇，那么不妨看看在亚马逊工作的都有些什么人。一开始贝佐斯都是从最缺乏人手的岗位入手招聘，招聘的条件也很清楚。比如他们需要有市场营销经验的人，项目管理经验的人，分销人员，还有财务人员。

在这些岗位的招聘上，贝佐斯更喜欢那些拥有经验，来了就能起到作用的人，这里面就包括来自竞争对手巴诺书店的一位前高管。

但是有些岗位可能就没有这么高的要求，贝佐斯把他们叫作客服代表。还有就是专门致力于回复客户邮件的人——1996 年底时至少有 14 个人在从事这项工作。

从事这两项工作的很多都是刚刚毕业的大学生，没有工作经验，一张白板，但是他们对高科技互联网公司充满了向往。贝佐斯把他们招来放在一个个隔间里，让他们通过网络来与顾客联系和沟通。能给他们的除了微薄的工资，就是关于未来亚马逊美好前景的描绘，当然还有亚马逊的期权。

贝佐斯总是想招到最优秀的人才，所以亚马逊的面试有时候搞得比博士生考试还要难。首先应聘者要提供大学时的学习成绩，贝佐斯认为优秀的人应该在各个方面都是优秀的。然后应聘者要经过好几轮的面试，然后才能见到贝佐斯。而贝佐斯喜欢问应聘人一些奇怪的题目。比如"如何为听力障碍者设计一辆车？"（答案是塞上耳塞去开车，看看作为一个听力障碍者的感受如何）还有就是一些脑筋急转弯的题目，比如"旧金山有多少扇窗"或者"纽约中央公园有多少棵树"。

贝佐斯还十分看重推荐者的意见，相比于其他公司只把推荐人的意见作为参考，贝佐斯则把推荐人的评价看成是重要的指标，因为他认为推荐人显然比自己更了解应聘者。贝佐斯为推荐人设计了 23 道问题，根据这些回答将更好地判断应聘者的各项能力。比如："你最欣赏这个应聘者的哪一点？""他最差劲的地方是什么？""在什么样的情况下你会雇用他？"等等。

贝佐斯的座右铭是，"我们每雇佣一个人，他都要为下一次招聘提高门槛"，所以亚马逊的人才库整体上是一直在提高的。贝佐斯这样形容他招聘员工的哲学："在一个员工被雇用 5 年以后，这个员工应该这么想：幸亏他们 5 年前雇用了我，现在他们肯定不雇我了。"在贝佐斯看来，不断提高招聘的要求是亚马逊能够维持长久健康发展的关键。

当然贝佐斯并不总是古板的，除了优秀的人才之外，贝佐斯也喜欢招一些不符合一般公司招聘模式的怪人。1996 年的时候，当时的客户总监简·莱斯蒂与合作的招聘代理说："给我们送一些怪人来。"虽然是一时兴起,却是完全贯彻了贝佐斯的想法。

贝佐斯认为,亚马逊招聘来的新员工中,只有少数几个曾经有图书销售的经验。既然如此,那么为什么不招聘一些在不同的领域各有特点的人呢?这样一方面可以拓宽视野,一方面可以使公司的日常工作氛围变得轻松有趣。所以从那之后,亚马逊招聘了大学是拼写冠军的人、巴洛克音乐发烧友、出色的运动员、登山爱好者等等。

虽然看起来有些不着边际,其实贝佐斯绝对不是无的放矢,你只要看看亚马逊的网站上究竟有多少类型的图书在出售,又有多少书需要不断更新书评,你就知道贝佐斯的用意了。是的,至少亚马逊在这个阶段需要一些专业的爱好者或者发烧友来让他们更加了解图书,也能更加拉近与读者之间的距离。

亚马逊员工自己对于招聘怪人的理解就更加简单而直接了,"当你工作非常辛苦却还要工作很长时间的时候,你会希望身边的同事是些比较有意思比较有趣的人,这样你就不会觉得工作是一件痛苦的事情了。"

【贝佐斯说】

我们会努力创建一些非常重要的工作方法,特别是关系到我们客户的内容,甚至是我们可以给我们的孙子们讲的一些东西,这一切并不容易。但是幸运的是,我们拥有这样一个乐于付出、拥有牺牲精神并极富激情的团队,是他们打造出了今天的亚马逊。

节俭是公司经营智慧

贝佐斯和他的亚马逊一向以节俭著名。贝佐斯在被采访时经常提起创业之初用门板做成的桌子。虽然现在这样的桌子早已不再被使用了，但是这是亚马逊精神的一个代表，那就是"决不把顾客交给亚马逊的一分钱浪费在没有用的地方"。

贝佐斯创业之初启动资金只有 1 万美元，办公室就是他和麦肯齐在西雅图郊区租住的贝尔维尤第 28 街 10704EN 号的房子。那个房子是一个三居室，租金 890 美元，贝佐斯拿出其中一间来办公。房子有一个车库，不过不是独立的，而且没有取暖设备，所以贝佐斯只能把车库改成休闲娱乐室。不过即使这样，贝佐斯还是可以向别人宣布亚马逊是一家车库起家的公司。

贝佐斯买了一本《如何成为计算机咨询师》的书，报名上了一堂如何建立一家书店的课程之后，就准备开张了。

如果从这样的公司办公条件和仅有的几个员工来看，亚马逊实在不是一家太靠谱的公司。

不过还好他们有贝佐斯这样精明的老板。贝佐斯虽然在硬件方面十分节省，但是重要的软件贝佐斯却是毫不犹豫选择了最好的，他认为这样可以节省开发的时间，而且还可以规避更换系统软件和数据库的风险。

不过有些东西贝佐斯还是坚持节省，比如亚马逊在前期一直使用的是开源软件 UNIX 操作系统和 C 语言以及 Perl 语言这样的免费软件。

当贝佐斯有能力把公司从改装的车库里面迁出去的时候，他在西雅图的一个工业社区设了一个店铺。这个新的办公地点一共有两层，共有 100 平方米的办公区，地下有 37 平方米的仓库。仓库的桌子还是用廉价的门板做成的，桌面被锯成了 0.6 米宽、1.2 米长。后来随着亚马逊的发展，贝佐斯才肯花钱雇了一家木工公司来生产桌子。

办公室的一间屋子堆满了纸箱，仓库里到处是书架。一开始的时候贝佐斯甚至没有配备包装用的桌子，所以员工们不得不跪在地上给书打包。

那时候贝佐斯也会亲自参与打包的工作，他在地上跪着包了好几个小时之后对身旁的一个员工说，应该弄一些护膝来。那个员工看着贝佐斯就像看着金星人一样，他提了一个显而易见的建议，"买些桌子来"。贝佐斯恍然大悟，而且认为这是他一生中听到的最有才华的想法。后来贝佐斯才去家得宝公司买了两张桌子回来。

1997 年的时候，因为员工的增加，贝佐斯不得不把亚马逊搬到了一个更大的办公场所，但是原先那些用门板做成的桌子依然在使用之中。这次搬家增加了很多的办公家具，但是大部分都是贝佐斯让人从旧货出售或者拍卖中买来的。

其实不单单是在公司的办公投入方面充分体现节俭的精神，

贝佐斯的个人生活也是如此。公司上市之后，贝佐斯的个人资产达到了 5 亿美元，他还是故意让人知道他住在西雅图的一个小公寓里，开着一辆本田汽车上班。

贝佐斯很在乎这种节俭的名声，以至于后来成了亚马逊企业文化的一部分。每次杂志采访贝佐斯时，他都会谈到他们曾经用门板做成的桌子，那些桌子后来甚至还被《名利场》拍了照。实际上这些桌子代表了亚马逊服务于顾客的经营理念上的智慧。

【贝佐斯说】

我们很注意将钱花在和顾客有关的事情上，而不是和我们本身有关。我们坚信节省会带来充裕资源、自我富足和发明创造。

让每个人感到自己的重要

从前面的描述中你会发现，亚马逊对招聘员工非常严格，但是给予员工的工资却不高；而且亚马逊还是一家以节俭著称的公司，公司会把钱花在和顾客有关的地方，而不是和员工有关的地方。

比如，自动售货机的东西必须用自己的信用卡支付，在食堂吃饭公司也没有一分补贴。新员工入职时会领到一个背包，里面有一个电源适配器、一个笔记本电脑基座，以及一些新人培训材料。当员工辞职的时候，公司会要求他们返还所有配发的东西，包括那个背包。

看完这些你会不会充满疑惑，在这么苛刻的条件下亚马逊是如何留住人才的呢？

这还得从贝佐斯来说起。实际上贝佐斯经常以无以复加的热情感染着亚马逊团队的每一个人，不论是公司的高层经理还是那些每天打 10 个小时电话的客服代表，贝佐斯让他们相信，"在亚马逊工作，不仅仅是养家糊口，而且是一种更崇高的追求——赋予他们的生命更高的意义"。

对贝佐斯 2002 年雇用的一个计算机科学教授安德里·亚维

斯来说，贝佐斯更像一个摇滚明星，因为他极具感染力的热情影响着在他身边工作的每一个人。亚维斯认为贝佐斯给人留下的最深刻的印象是他不可战胜的鼓舞人心的态度。"我是个非常积极的人，"亚维斯说，"但是，每次和杰夫见面之后，我都会比见面前更高兴，更有活力。我从来没有遇到过一个可以持续给他人以力量的人。"

是的，贝佐斯身上体现出的热情让每一个亚马逊人觉得他们在做的是最伟大的工作，当然他们也会得到意想不到的大奖励。

贝佐斯经常以相对古怪的方式来对程序员的辛苦工作表示感激，那些工作通常是在业余时间完成的。贝佐斯不会增加他们的工作，但是会以耐克的口号"放手去做"奖励那些非凡的成就。

程序员格雷·戈林登 1997 年加入亚马逊，为顾客推荐书目。他发现了一个更好的提取客户品味相似性的办法，这样亚马逊可以更好地将其他顾客购买的书目推荐给具有相同购买意愿的顾客。

戈林登回忆当他设计的程序出现在网站上时的情景："杰夫·贝佐斯走进我的办公室，向我鞠了一躬，双膝跪地。我高喊着'我不配，我不配'。我当时激动极了，就像我得了世界冠军，而跪在我面前表示感谢的是美国总统，这一切简直让人难以置信。"

戈林登因为这个改进还有之前的其他成就获得了"放手去做"大奖，那是一双耐克的旧鞋子。那些鞋子在很多年后不知去向。但是戈林登在博客中写道："那只鞋子找不到了，但是我却没有失掉那种骄傲的感觉。我很骄傲赢过那些古怪的旧鞋，相信和我一样赢过那些鞋子的人会有一样的感受。我们在亚马逊得到的荣誉让我们觉得自己是最伟大的人。因为我们的努力，亚马逊将变得更好！"

亚马逊很重视精神层面的非物质奖励，在员工福利方面亚马逊也是更多从关心员工的内心出发，而不是他们的胃。和硅谷那些新兴的高科技公司不同，亚马逊从不向员工们提供免费的吃不完的美食，员工出差也不能坐头等舱、住五星级酒店，连贝佐斯本人出行都只坐经济舱，因为节俭是亚马逊的美德。

但是贝佐斯却在其他方面表现出他的开明和大度。比如可以带宠物上班。进入亚马逊总部大楼上班的第一只狗，叫作"RUFUS"。为了纪念它，在亚马逊的很多办公室的门把手上都会刻有"RUFUS"的字样。贝佐斯和麦肯齐也有一只小狗，偶尔会带到办公室来，它的名字叫作Kamala，它是根据影片《星际旅行》中的一个人物命名的。很多人会奇怪，带狗狗上班，如果狗乱叫的话岂不是会影响工作？实际上大部分的人带狗来上班都是事先对狗经过专业训练的，它们完全能够适应白领一族的生活。

在亚马逊的办公区到处可以看到一高一低的两个水龙头，这是为了宠物而设计的。这也是亚马逊非常人性化的一个方面。

既然宠物可以带到办公室来，那么孩子呢？是的，亚马逊每年都会有一天是带孩子上班日。那个时候，办公室里、楼道里、草坪上到处都是孩子。这些孩子可没有经过训练的小狗那么听话，为此贝佐斯还让人把原本给员工们休息时打电子游戏的大屋子腾出来，让这些孩子们在里面尽情地玩耍。

贝佐斯自己有三个儿子，还有一个收养的中国女儿，这些孩子中最小的 2 岁，最大的 7 岁。带孩子上班日那天，他也会把自己的孩子都带到公司来。但是这些小家伙们可不会因为自己的爸爸是 CEO 就循规蹈矩，他们一样调皮捣蛋。不过正是因为这些孩子的到来，让亚马逊充满了家庭的感觉。

是的，对大部分亚马逊员工来说，这里就是他们的一个家。虽然工作繁忙，薪酬在行业之中也不是最高的，但是他们每一个人都有公司的股份，这也是未来的保障。他们把亚马逊当成一个大家庭，一个可以实现理想但是又能感受到温暖的地方。

【贝佐斯说】

我们挑战自我，不仅致力于创造面向外部的功能，还努力寻找更好的方法来做好内部的事情——那些既能使我们更加高效，又能让全球各地成千上万名员工受益的事情。这种发展将持续下去，我们希望能扩大它的范围，让团队中的每个人感受到自己的重要，比起亚马逊的市值，人才是最大的资产。

第十章
价值观：企业持续进化的原动力

　　亚马逊已经成长为一个大公司，这样的公司需要特别的文化来强化价值。我希望这种价值能不断注入虽然年轻但不断壮大的队伍中去。如果不能建立并坚持某种信念，公司会随即开始螺旋式下跌。分析人士也许更在意亚马逊的账面数字，但我们更关心内在的问题，我们不能活得太轻松，我不打算改变这一切。

好的习惯要坚持下去

阅读并写下创意

贝佐斯在业余时间喜欢阅读，而且更多的时候读的是纸质书。他认为读书的时候可以让自己静下心来安静地思考问题。除了阅读之外，贝佐斯也喜欢在纸上写东西，不管是读书的体会，还是工作中想到的问题，他都会随手找一张纸记下来，久而久之就形成了习惯。

后来贝佐斯发现这个办法有很多好处，比如让自己的想法更加完善和成熟，在细节上可以想得更加全面。他决定把阅读和写作当作公司的一项独特的管理工具，要求公司的每一个高管都能按着他的要求来完成。

贝佐斯召集亚马逊的高管开会时，一开始进行的并不是电话会议或者 PPT 演示这样的内容，贝佐斯会给每一个人发一份纸质的备忘录。在讨论开始前，包括贝佐斯在内的所有团队成员需要在 30 分钟时间内静静阅读 6 页纸的备忘录。

可能你不会相信，一向倡导电子阅读的企业会依然执着于纸质办公形式，但是这是贝佐斯决定的，任何人不能更改。阅读的过程中他们会在纸张空白处做笔记，而备忘录作者需要等待贝佐斯和其他人读完全部材料之后，才能开始今天的主题。

亚马逊高管将这样的文档称作"叙事"，而即使是贝佐斯本人也承认，对习惯于利用 PPT 作报告的新人而言，这样做略显奇怪。但是贝佐斯依然坚持这样的工作方式，在接受《财富》杂志采访时，贝佐斯表示："对于新员工，这是一种奇怪的最初体验。他们不习惯静静坐在房间里，与许多高管一起研读。我不是说互联网不好或者高科技不好，但是长期通过电脑阅读的人很难真正静下心来去思考一些东西。"共同阅读将确保所有人都可以集中注意力，这是贝佐斯的最基本目标。如果没有思考，又怎么能有深入的讨论呢？

此外，长达 6 页以上的备忘录可不是谁都能写好的。"写出完整句子的难度更大。它们有动词，段落又有主题句。如果没有清晰的思路，你根本无法写出一篇长达 6 页、结构完整的备忘录。而且还有一个很重要的点，就是在写作备忘录的过程中，你会发现细节中会存在很多的问题，这样就迫使你继续思考，从而使备忘录的内容更加完善。"

从上面的例子可以看出，撰写备忘录在亚马逊绝对也是一项应掌握的重要技能。

现在我们也无法分清楚，到底有多少项发明或者创意，是贝佐斯和亚马逊的高管们在备忘录写作中提出来的。但是至少我们知道，亚马逊从来没有打算放弃这种基于撰写和阅读备忘录的工作方式，可见这种方式绝对是行之有效的。

贝佐斯总是以自己的方式去工作。他无视华尔街希望亚马逊持续盈利的期望，要求高管团队成员撰写艺术级的工作文件，并一早涉足一些出人意料的业务。不管是一开始允许顾客发布负面的书评，还是后来允许第三方企业在亚马逊市场里面卖他们自己的产品，以及通过亚马逊的比价系统找到最便宜的商品，所有这些看起来不能理解的、显然不符合竞争法则的事情，如果不通过备忘录的形式详细说明，是很难说服其他人理解并接受的。

而且贝佐斯的战略并非随心所欲。如同他要求高管团队撰写备忘录一样，他一切决定的背后都有着明确的思考和一致的目标，即使有时竞争对手要想理解亚马逊的举措也并不是那么容易。实际上，当竞争对手看懂亚马逊时，已经错失时机了。

让团队成员成为企业主人

一个企业能够留住员工，除了高薪酬、高福利这样的员工激励手段之外，能否让员工体现自己的价值，能否让员工感受到被重视和关怀也是十分重要的。在这点上，贝佐斯可以说是深谙其道。

亚马逊不像硅谷的公司那么大手大脚，向员工提供免费的食物、高昂的福利，相反它从不向员工提供免费的午餐，而且会将薪水压得很低。

贝佐斯本人更喜欢用期权而非现金激励员工，他在 1997 年致股东的信中称："我们很清楚，亚马逊能否成功很大程度上取决于我们能否吸引和留住员工，每一名员工都希望成为主人，因此就应该让他们成为主人。"

谢尔·卡凡是亚马逊的第一个员工，一开始他放弃一切跟随贝佐斯从圣克鲁兹到西雅图创业，并不是因为高薪，或者那些看不见的股权。他只是觉得贝佐斯是一个有企业经营头脑的人，而且贝佐斯提出的在线书店的想法有一天一定能获得成功。

到了西雅图之后，虽然办公室就在贝佐斯和麦肯齐租的三居室公寓里面，但是卡凡却无怨无悔，一直坚持，就是因为他把自己当成了团队的主人，把亚马逊当成了自己的事业，而不仅仅是一份工作那么简单。

一开始的时候卡凡负责亚马逊的网站界面和用户交互部分的设计，后来成了亚马逊的首席技术官，带领团队负责亚马逊的所有技术问题。卡凡一直是亚马逊的创世员工，也是贝佐斯的左膀右臂。

1997 年 5 月 15 日亚马逊上市，卡凡的辛苦工作也获得了回报，当时卡凡有 100 万股亚马逊的股票，根据当时 18 美元的发行价格，他的身价已经达到 1800 万美元。而更让人激动的是这只股票一直在增长。首次公开募股一年之后，亚马逊的股价达到了 105 美元，他的身价达到了 1 亿美元。

当然，卡凡获得的不仅仅是经济上的回报，贝佐斯知道用什么办法来表示对卡凡的感激更加有用。就在卡凡加入亚马逊工作四周年的时候，贝佐斯组织了一次"庆典"，他包了一架直升机，把卡凡和他的助手还有他们的配偶送到茂伊岛去享受了为期 4 天的假期，对他们来说那简直是一个大的惊喜。4 天之后，贝佐斯又派另一架专机把他们接了回来。

这可不是花了多少钱就能够做到的事情，关键是贝佐斯用心去关心他的员工。而卡凡也深深感受到了这一点，那就是亚马逊更像一个大家庭，而他们每一个为亚马逊付出的人，都会被当作企业的主人一样被重视。

当然，亚马逊的员工之所以能有企业主人的感觉，除了他们都有企业的股票期权之外，还因为亚马逊的开放文化，决定了他们可以自由地表达自己的观点。

【贝佐斯说】

每一个人都是亚马逊的主人，都应以主人翁的精神做好自己的工作；亚马逊的员工不仅仅要做事，还要成为一个符合亚马逊核心价值观的人。

优秀的企业文化能让人产生共鸣

"两个比萨"原则

贝佐斯在管理中总有独立见解，大多数人往往都只看到了事物的一面，而他能看到另一面。比如一般企业都会将加强内部交流作为一项管理原则，以避免内部沟通不畅带来的复杂管理问题，但是贝佐斯并不这么看。《华尔街日报》曾经报道，一位亚马逊前高管回忆说，在一次活动上，有几位经理建议员工应该加强交流，但贝佐斯站起来说："不行，交流是可怕的！"

那么贝佐斯究竟怕什么呢？实际上他怕的是过多的交流限制了人们的思考，遏制了员工的想象力。

相反，贝佐斯主张企业应该实行分散管理，甚至陷入无组织状态也无关紧要，只有在这种氛围下，独立思考才能在与集体意见的较量中占得上风。他认为，要让团队尽可能的小，同时适度限制员工之间的交流。贝佐斯说，他对"两个比萨原则"推崇备至：如果两个比萨都喂不饱一个团队，那说明这个团队太大了。

亚马逊的很多创新都是来自这些比萨饼小组，正是由于他们足够小，所以任何新的想法出来，在小组内部很快可以讨论使这个想法更加完善。小组的每一个人都会把自己当成是亚马逊的主人，他们会主动解决他们管辖范围内存在的任何问题。因为不需要层层上报，没有烦琐的内部流程，所以其中很多的想法都获得了实现，并且受到了顾客的认可和公司的好评。

贝佐斯通过把每一个团队分得足够小的办法，解决了很多管理上难以克服的苦难。比如因为层级过多而造成的上下级沟通不畅，比如团队过大造成的管理成本上升等等。而且一个太大的团队往往会出现人浮于事的现象，这正是很多大企业变得懒惰和低效的根源。现在贝佐斯就用他的"两个比萨原则"解决了这一切。

专门拿出时间来思考未来

《连线》杂志在 1999 年一篇有关贝佐斯的人物专访中披露，贝佐斯每周都会预留出两天时间来畅想生活，寻找新的创意。有时，他只是上上网，或者是沉浸在自己的世界里。

看起来很容易是不是？不就是花点时间休息，来思考未来吗？但是现实生活中，我们的很多企业家都没有时间能够让自己停下来或者真正休息。

他们有些忙于企业的日常管理，处理各种琐事，结果一叶障目不见泰山；有些则为了让企业获得更多利润，天天围绕董事会的经营目标和企业的经营数字打转，陷入了数字的泥沼之中。

贝佐斯每周留出两天来畅享生活，寻找新的创意，可不仅仅是休息那么简单。要做到这一点最关键的就是跳出现有的思维框子来，同时更多地关注行业的发展。

2000 年的时候，互联网寒冬到来，亚马逊股票大跌，COO 离职，这时贝佐斯既没有悲观失望，也没有过分担心。他选择跳出原有的经营内容来发现新的市场机会。比如为玩具反斗城这样的企业制作并运行网站，就是贝佐斯想出的新的增长点，也是亚马逊能力所及范围内可以短期解决盈利问题的办法。

同样是在 2000 年，贝佐斯投资了"蓝色起源"，研发载人航天技术。这可不是富人玩票那么简单，其中固然有他对太空痴迷的原因，更主要是因为他发现了美国国家宇航局不断消减在载人航天技术方面的预算，而且国会有可能通过新的法案，以支持民间对太空技术的研发，而现在是进入的最好机会。

还有一个例子，亚马逊本来是一个在线零售企业，但是当苹果的 itunes 商店上线的时候，贝佐斯发现，苹果改变了人们消费音乐的方式。贝佐斯根据亚马逊销售的产品中最大的种类——图书，决定研发电子书阅读器，然后像苹果销售音乐产品一样销售电子书。

这些例子都说明，拿出时间来思考未来，才能不断保持创新的精神，也才能让企业发展不会错过那些全新的市场机会。

对长远目标例行"签到"

贝佐斯会把企业的长远目标根据不同的项目分成许多个计划，然后交由自己的助手来落实这些计划的执行。每个季度他都会与助手会面，评估这些计划的进展。

贝佐斯这样做主要是希望通过检验自己在过去三个月中的成绩，保证每天不会虚度光阴。这种签到式的做法有助于确保他始

终坚持长远目标，同时注意力又不会被新的、稍纵即逝的创意所
分散。

中国有句俗话叫作"捡了芝麻忘了西瓜"，虽然这是一个再
简单不过的道理，但是现实生活中人们往往容易被眼前的利益迷
惑。就像有一个公司给员工两种涨薪的方案，一种是每个月多发
1000 元；另一种是每个月多发 500 元，到年底再奖励 10000 元。
虽然第二种选择明显能得到更多工资，但是大部分人都会选择第
一种，因为他们觉得第一种方案中每个月得到的数量更多。

正是人们的短视，所以贝佐斯提出要对长远目标做好规划。
他很清楚，亚马逊是一个长期项目，亚马逊的目标是成为世界最
大的电子商务网站和云服务提供商，所以亚马逊不会也不应该被
那些短期目标所左右。亚马逊不会为了实现报表的利润或者迎合
投资人的心理而去做任何短线的投机行为，也不会为了短期的盈
利而放弃建设更多更大的仓库，或者减少研发的投入，更不会因
为眼红别的行业的高额利润而放弃现在薄利多销的原则而使顾客
受到损失。如果其中的任何一条做不到，亚马逊都不可能形成今
天的规模。

逆向工作法

什么是"逆向工作法"呢？我们先来看一个故事：

贝佐斯在选择创业的时候，原先的老板多次挽留。他自己也
不确定自己创业能否成功，在他做出决定之前，他做了一个最小
化后悔表，"我假设自己 80 岁高龄时，对 20 岁时没有创业会不
会后悔？"答案是显而易见的，他不会因为自己没有成为更高阶

的职业经理人而后悔，但是如果没有创业他一定会后悔。贝佐斯后来还将这种逻辑应用到他的个人生活中，每当他不得不做出重大决策时，他常常会以这种方式来思考问题。

"逆向工作法"最关键的就是找到你一开始做这件事情的原始目的，然后才根据这个目的去工作。

我们知道亚马逊创立已二十年，从线上销售图书起家，到进军音乐、云存储、内容制作等新领域，这些尝试看似随意，实则都有一个共同的目标，那就是一切从顾客的需求出发，所有的工作都是为了完成为顾客服务这一宗旨而不断创新和完善的。这种"逆向工作法"（Work backwards）模式不同于"技能导向法"（skills-forward），在后一种做法中，个人或企业往往会根据现有的技术和能力来决定下一步动作。

乔布斯的苹果采取的常常是"技能导向法"，苹果的创新往往是技术的变革以及乔布斯天马行空的想象力结合的产物。在"技能导向法"下，企业更加倾向于引导客户，改变消费观念，让顾客接受它的产品和理念。

但是亚马逊坚持走不同的道路，从开始销售图书，每一次创新和变革都是因为亚马逊人觉得顾客可能需要这样。就像贝佐斯在 2008 年致股东的一封信中写道："最终，现有的技能都将过时。'逆向工作法'要求我们必须探索新技能并加以磨炼，永远不要在意迈出第一步时的那种不适与尴尬。"

【贝佐斯说】

亚马逊致力于营造重视实干的企业文化，不惧失败，勇于挑战。一旦树立了这种价值观，大家就会朝着正确的方向拼命努力。管理上的技能也许一时有效，但使用他的人终会有疲惫的一天。我想强调的是，重要的不是技能，而是企业文化，它能让优秀的人才与之产生共鸣。

关注顾客，让你走在市场前沿

在所有的互联网公司中，没有哪一个比亚马逊更加注重客户
体验。让我们来看看亚马逊网站的宣言吧，他们在网站上写着：
"成为全球最以客户为中心的公司，在这里，人们可以找到和发
现他们想从互联网上购买的一切。"

1994 年贝佐斯成立 Cadabra 两个月后，他报名参加了美国书
商协会赞助的关于如何开办书店的课程。在四天的学习中，贝佐
斯印象最为深刻的是广场书店的老板哈沃斯讲的一则关于客户服
务的故事。

有一天哈沃斯接到一个顾客的投诉，书店阳台上的花盆里的
土掉到了顾客的车上，哈沃斯提出给她洗车，结果加油站的洗车
点因为维修关门了。为了让顾客满意，哈沃斯让顾客开车去他
家，他亲自拿水桶和橡胶水管帮客户洗了车。之后顾客的态度变
了，她又回到书店买了一大堆书。

贝佐斯被这个故事打动了，他决心使客户服务成为"亚马逊
网站的基石"。事实上，在亚马逊的发展过程中，贝佐斯和他的
亚马逊团队也是一直这样做的。

亚马逊既不会也不可能"为顾客洗车"，贝佐斯更加痴迷于

建立一个非同一般的网站，以确保按时交付。贝佐斯认为购物网站要简单、迅捷、直观，要以最便宜的价格提供史无前例的品种的图书，并在最短时间内送达客户手中。整个过程都不能出现问题，因此人们在购买完商品之后会满意地离开。

如果出现了什么问题，那么就需要客服来解决。不过在亚马逊的网站上，连找到一个客服电话的号码都很难。贝佐斯希望所有事情都通过邮件解决，而亚马逊的客服工作也是从贝佐斯亲自回邮件开始的。

亚马逊的客服经常被问到的问题来自那些在网上订书时需要帮助的人，或者需要知道他们订的书运到了哪里的人。这些邮件都需要在第一时间得到回复，亚马逊最优秀的客服代表能在一分钟内回复 12 封邮件，而回复 7 封以下的会被解雇。

对贝佐斯来说，获得客户的认可非常重要。在一开始的时候，贝佐斯希望能通过额外的服务来打动顾客。如果客户订的平装书脱销，亚马逊会以平装书的价格给客户寄一本精装书。

在网站成立两年的时候，贝佐斯新组建了一个部门，专门搜集已经绝版的孤本书。实际上亚马逊 80% 的收入来自不到 20% 的畅销书，寻找这种绝版书根本没有经济效益。不过贝佐斯坚持做这件事情，因为他觉得有些顾客会有这样的需要。这项业务为亚马逊树立了良好的口碑，人们认为亚马逊是可以找到所有绝版书的无所不能的地方。

在亚马逊的网站设计方面，贝佐斯也充分考虑到怎么为顾客提供方便。谷歌的页面简洁大方，亚马逊显然不是那样，但它是精心设计和容易操作的。

贝佐斯认为，亚马逊网站设计的总体哲学是对客户友好，注意力应该放在顾客身上，而不是网站上。他的目标不仅是让浏览书籍变得更容易，而且要让这成为一种愉快的体验。他认为"要知道人们不仅仅是因为需要才买书的。没有人会喜欢浏览药品的柜台，但是人们会高兴地在书店里待上几个小时，所以你必须让他们体验到购物的乐趣，并乐于参与"。

正是在这种哲学观念指引之下，亚马逊发明了"一键下单"功能以方便顾客购买，并且允许顾客在亚马逊的网站上写书评，不管是满意的还是不满意的。正是这种为了顾客着想的中肯态度赢得了顾客的好感，亚马逊的书评区更像一个社交平台，人们在这里畅所欲言。也正因为这样，亚马逊图书的销量获得了大幅的提升。

后来更进一步，亚马逊开发了"书内阅读"的功能，就是把书中的一部分内容通过电子文档的形式上传，顾客在购买图书之前可以先睹为快，只有满意了才去购买。一般的商家绝对不会想出这样自找苦吃的想法，就是出版社和作者也不喜欢这样的想法，但是贝佐斯认为这对顾客有用就坚持一直做了下去。

两年后，亚马逊团队在"书内阅读"的基础上开发了"书内检索"的功能。大学生们尤其喜欢这个功能，因为他们可以不花一分钱读到他们想要找的内容。虽然"书内阅读"和"书内检索"不会给亚马逊带来一分钱的收入，但是它使人们认识到了亚马逊的好意，并且给亚马逊带来了良好的口碑。至于销售，贝佐斯知道总有一天会达成所愿。

亚马逊是一个为顾客着想的网站，但是并不是说它不会犯错。有一次客服代表接到顾客投诉，顾客说他花了很多时间来选购产品，然后把它们都放进购物车里等着有一天购买，但是他突然发现有一天他的购物车被清空了，而之前连一点提示都没有。

其实这是亚马逊成立之初设计的一项政策，"假如客户的购物车超过 30 天不予处理，就由工作人员将其清空"。这项政策原本看起来很合理，但是接到顾客的投诉之后，贝佐斯发现这项政策简直太愚蠢了。亚马逊的程序员不得不查了数据库，为顾客恢复了那些数据。然后贝佐斯果断地废除了这项政策，至于如何保证库存数目更准确，亚马逊的工程师只能通过其他技术实现，而不能采用清空顾客数据的办法。

亚马逊还做过一件被顾客认为是道德下滑、失去诚信的事情。亚马逊曾在 1998 年被媒体发现向出版商收费，然后把他们的书放在首页"值得关注的新书"以及"前途无量"这样的小标题之下。出版商每在主页放一本新书，要为此付给亚马逊 1 万美元。

作为一个商业网站，在主页推荐新书无可厚非，但是亚马逊因为其一直以来的公平公正的形象，让消费者认为亚马逊推荐的图书是值得信任的。而选择通过接受贿赂或者交易的行为来评价和推荐图书，这样的行为等于亚马逊罔顾顾客的信任。

这件事情出了之后，亚马逊很被动，贝佐斯选择将这一情况进行全面的披露。对于因为出版商付费而被放在首页显要位置的图书，亚马逊会在旁边贴一个通知，说明这是出版商付费推广的项目。同时亚马逊承诺，如果顾客因为这类推荐而买了不满意的图书的话，亚马逊同意退款。事实上所有网站之中，亚马逊是唯

——个进行这种披露的，这不仅仅是亚马逊的危机公关行为，更是贝佐斯一直以来坚持的以顾客为中心的服务理念的体现。

【贝佐斯说】

如果你太过关注对手，那就势必会等到对手有所行动，自己才会动手。关注客户能让你走在市场的前沿。

大河之舞：亚马逊的希望与荣耀

亚马逊河是世界上流量最大、流域面积最广的河流。它有大大小小数千条支流，流经南美洲的多个主要国家。亚马逊河流经的地方，有丰富的生物种类，各种动植物在这里自由生长，形成独立的生态系统，这就是伟大的亚马逊河的真实写照。

想想贝佐斯当初把网站定名为亚马逊（Amazon），简直是太有远见了。其实就是贝佐斯本人，也没有想到亚马逊网站能够形成今天的规模。

假如说亚马逊网站就像那条水量充沛的大河，那么网站销售的各种商品应该就是这河中各种各样的生物。不同国家的网站就像一条条支流在亚马逊百川汇聚，而那些入驻亚马逊市场的商家就像是亚马逊河边的码头和集市，Kindle 阅读器和 Kindle Fire 平板电脑以及智能手机就像这条河上川流不息、忙忙碌碌的小舟；而亚马逊提供的 AWS 云服务，就像在亚马逊河上架设的发电站，为其他企业提供源源不断的动力。

但是亚马逊公司真的能够像亚马逊河一样永远保持生机吗？这就要考验贝佐斯这个 CEO 对这条大河的掌控能力了。IBM 的前总裁路易斯·郭士纳曾经写过一本书《谁说大象不能跳舞》来介绍他在 IBM 做的那些改革，那么贝佐斯又是如何让亚马逊这条大河来随着他的指挥舞蹈呢？

首先，贝佐斯在亚马逊的发展中坚持"一切为了将来，一切为了长远的目标"的理念。贝佐斯在给股东的公开信中，几乎每一次都会提及长远的目标。如果针对亚马逊河而言，开发的最长远的目标应该是合理利用河水资源，保持河流的生态健康，实现可持续性发展。其实对亚马逊网站来说也是如此。

亚马逊在一开始的时候只做图书销售，就像在河中只养殖一种鱼类。为了增加销量，扩大市场份额，必然要销售更多种类的商品——养殖更多种类的鱼。但是在这一发展的过程中，却要注意不能对河流的生态形成破坏。

亚马逊从开始做网站的第一天起，就把顾客体验放在了首位，而且不管后来如何发展都不曾改变这一初衷。从开始的允许发表书评，到一键下单，再到书内阅读和书内检索，所有的这些功能的改进都是为了方便顾客使用，而不是为了增加亚马逊的短期利益。正是因为亚马逊坚持了永远为顾客着想这一点，才能一直保持亚马逊网站的良好生态。

说到可持续发展就要提到创新，因为如果只是发展养殖业，那么一定会有瓶颈，而且养殖业规模上来了，利润率必然降低，那么只有开发新的项目才能够获得更大的利润，所以科技创新是可持续发展的保证。对于亚马逊来说也是这样，如果仅仅做在线零售，那么它永远是一家低利润率公司，于是亚马逊开始向云服务、数字出版、硬件生产以及广告销售领域拓展，这就有了实现可持续发展的可能性。而且在未来还会不断创新，创造新的市场机会。

亚马逊将在线零售业务做成了沃尔玛的规模，成了世界第一大电子商务网站。但是对贝佐斯来说，这只是亚马逊的基础。有了这个基础，亚马逊才能进入更多领域，他要证明，亚马逊不仅仅是一个传统的电子商务企业，更是可以引领行业发展的科技创新先锋。

不过创新不是孤立的，如果没有坚实的基础，创新不能转化成生产力，也不可能创造价值。

在 Kindle 出现之前，市面上已经有了好几代电子书阅读器，但是亚马逊的 Kindle 一经推出就迅速占领了一半以上的市场份额。除了 Kindle 在电子墨水技术上的完善之外，亚马逊平台提供的海量电子书下载才是 Kindle 成功的保证。

同样，亚马逊的云服务，出租闲置的 CPU 运算能力以及宽带、储存空间等是亚马逊率先提出的概念。但是如果亚马逊不是经过十几年的积累，拥有将近 16 个足球场那么大的空间的服务器设备的话，如果亚马逊没有积累足够的技术人才的话，云服务项目根本不可能实现。所以只有基础坚实，创新才能事半功倍。

贝佐斯认为，开放平台通过分享获得更多的利润，是现代商业发展的趋势。如果亚马逊一家企业垄断了所有的产品销售，那么会带来更多的利润吗？答案是否定的。仍然拿亚马逊河来做比喻。如果一家企业垄断了河中所有的鱼类养殖，那么竞争就没有了吗？当然不是，别的企业会在陆地上挖河塘养殖鱼类和它竞争。

对于亚马逊也是一样，首先它不可能实现网络销售的垄断，还有无数的创业企业想在电子商务领域分一杯羹，而且那些实体店铺、品牌企业也会开设自己的网店进行销售。如果亚马逊一味采取防守态势，或者想要通过低价挤垮所有人，那么输的一定是它自己。

贝佐斯在这一点上想得非常清楚，所以他早早筹备了亚马逊市场项目，允许品牌企业、第三方零售商以及个人在亚马逊的网站上开店，他们可以享受亚马逊的服务，分享亚马逊的流量，使用仓库、物流系统，为此他们只需要为完成交易支付手续费和相应的物流费用。

对于亚马逊来说，这是一个开放和合作的好点子，不管销售在亚马逊本身还是亚马逊市场产生，最终亚马逊都能获得利润。而且亚马逊不用担心培养了竞争对手，别的企业看似从亚马逊得到了很多好处，但是他们的销量越大越离不开亚马逊这个平台。

贝佐斯深谙"未雨绸缪，布局深远"之道。贝佐斯从亚马逊创立之初开始，就在不断地通过投资或者并购的方式来实现对他感兴趣的网站的收购。比如当年收购 IMDb 这个电影评论网站，最终的目的是为了亚马逊马上上线的 DVD 销售做广告宣传载体；后来收购了一系列的垂直电商网站，是为了亚马逊进入更多的销售领域，也为了把潜在的竞争对手控制在掌握之中；收购 Junglee（数据挖掘公司）和 PlanetAll（社交网络公司），更多的是看中他们的技术人才；收购了自动化机器人公司 Kiva Systems，是为了实现亚马逊仓库的自动化；等等。

贝佐斯做事从来都是从商人的角度考虑问题，要求最经济有效，而不是从网络工程师的角度考虑，什么都要自主研发。亚马逊每一个看似无意的收购，实际上都早在贝佐斯的整体规划之中。收购不是目的，将被收购企业的价值利用到最大化，与亚马逊产生 1+1 大于 2 的效应才是贝佐斯的目标。

贝佐斯的基因里更多的是对于理想的执着和基于商业的智慧，在他的心目中，亚马逊网站就是那条生生不息的大河，只要他在 CEO 的位置上一天，乃至他不在 CEO 的位置之上，这条大河都要自由奔腾，尽情舞蹈。

【贝佐斯说】

一个公司不应该沉醉在光芒中，因为光芒常常瞬息即逝。我认为现在来回顾亚马逊的历史为时尚早，这会阻碍它的活力和发展。所有的企业都需要保持青春活力。如果客户群跟你一起变老，你就会重蹈 Woolworth's 的覆辙。